Il reale e il possibile

Mara Mauri Jacobsen

Anna Maria Bellezza

Holt, Rinehart and Winston
Harcourt Brace College Publishers

Fort Worth   Philadelphia   San Diego   New York   Orlando   Austin   San Antonio
Toronto   Montreal   London   Sydney   Tokyo

Publisher	Christopher Carson
Market Strategist	Kenneth S. Kasee
Project Editor	Kathryn M. Stewart
Art Director	Scott Baker
Production Manager	Angela Williams Urquhart

ISBN: 0-03-021786-5
Library of Congress Catalog Card Number: 98-89326

Address for Domestic Orders
Holt, Rinehart and Winston, 6277 Sea Harbor Drive, Orlando, FL 32887-6777 800-72-4479

Address for International Orders
Holt, Rinehart and Winston, 6277 Sea Harbor Drive, Orlando, FL 32887-6777 407-345-3800 (fax) 407-345-4060
(e-mail) hbintl@harcourtbrace.com

Address for Editorial Correspondence
Holt, Rinehart and Winston, 301 Commerce Street, Suite 3700, Fort Worth, TX 76102

Web Site Address
http://www.hbcollege.com

Printed in the United States of America

8 9 0 1 2 3 4 5 6 7   039   9 8 7 6 5 4 3 2 1

Holt, Rinehart and Winston
Harcourt Brace College Publishers

Prefazione

Il reale e il possibile aims to present aspects of the contemporary cultural debate in Italy from the point of view of authors, journalists, and film directors. Each chapter addresses a major topic, such as «Bambini,» «Tecnologia e mass media,» and «Essere in guerra,» from the perspectives of various disciplines: the literary/philosophical/historical one, the journalistic one, and the cinematographic one. The perspectives may at times clash or contradict one another, or they may differ because of the nature of their medium. The purpose is not to present a monolithic vision; rather, it is to expose students to new Italian voices and intellectual trends and to the various ways in which certain topics are represented by different media. Students encounter the current cultural debate not only through the selections themselves, but also through the introductory presentations and the postreading activities that stimulate comprehension at many levels.

Il reale e il possibile is designed for intermediate and advanced courses in Italian. It can be used in conjunction with a grammar review textbook or on its own in a course with an emphasis on conversation and on the development of reading, writing, and listening comprehension skills. While getting acquainted with contemporary Italian culture, students will have systematic opportunities for vocabulary building, grammatical practice, and development of critical thinking skills.

Organization

At the heart of each chapter are the three sections based upon (1) a magazine article, (2) a literary excerpt or a short story, (3) a selected scene from an Italian film. These are presented by the authors at the outset in an introduction that provides a context for the chapter's overarching theme. The introduction is accompanied by a brief comprehension check (*Al questionario*) and by a group activity (*Tutti ne parlano*) that invites students to share information on subjcts related to the chapter topic.

Separate introductory pieces precede the literature and film sections to present, respectively, information about thc author and the novel and about the director and the film. These, like the chapter introduction, are followed by *Al questionario* and *Tutti ne parlano* sections.

Postreading Activities

Each of a chapter's three texts is followed by substantial provision for postreading activities aimed at stimulating comprehension at various levels, and encouraging development of writing skills and conversational ability. These activities are grouped under the headings *In classe*, which focuses on checking basic comprehension, vocabulary building, facilitating comprehension at the linguistic and subtext levels, and honing grammar skills, *A casa*, which fosters critical thinking and writing skills, and *Il giorno dopo*, which encourages conversation.

The journalistic and literary segments of each chapter include the following elements in the *In classe* sections:

A. *Prime impressioni:* a comprehension activity particularly suitable for intermediate students, aimed at checking basic understanding of the text.

B. *Solo parole:* a vocabulary-building activity requiring students' active involvement with new words.

C. *La superficie del testo:* asks students to apply their understanding of selected words and expressions within a textual context.

D. *Tra le righe:* develops at the subtext level students' ability to pick up nuances (for example, humorous, tragic, pathetic) from what they have read and to grasp the meaning of idiomatic expressions. (It is always difficult for students to make the transition from everyday language to more sophisticated language. We feel that the nuances of the subtext level have been greatly neglected in Italian readers.)

E. *Due minuti di grammatica:* a close paragraph reviewing a grammatical point ends the *In classe* section.

The approach in the film section of each chapter is somewhat different. This section, a totally new feature, has a twofold function: to offer students cultural information by familiarizing them with Italian cinema and directors who are not as well known as literary authors, and to enhance their level of listening comprehension. By putting students in direct contact with Italian films, we aim to expose them to a variety of situations where different accents, idiomatic expressions, and codes of behavior are used in daily communication.

The book's seven film selections have won national and international recognition and are now considered classics of Italian contemporary cinema. Because of distribution problems, a few of the films may not be readily available for screening in the classroom. Should this be the case, we suggest that instructors contact the film departments of their colleges or universities, which usually have a good selection of Italian films, or which may know how to acquire them. The movies we have chosen are important, not only for the history of Italian cinema, but for world film history; instructors of Italian should therefore encourage film departments to add any missing films to their own collections. Alternative sources for Italian films include the Italian Cultural Institutes in major U.S. cities, film distributors, and video guides, such as *Facets Video*.

Although the activities within the film sections of this book relate only to one or two specific scenes, which we have transcribed, we recommend that whenever time allows the films be shown in their entirety. When the film is not available, classes can be based on the script (*Il copione*) of the scene that appears in the textbook and the related activities. The thorough introduction to the film and its director that precedes each script will give students sufficient information to place the scene in context, and only one activity, *Prima visione*, will have to be skipped.

The chapter's film segments include the following elements in the *In classe* sections:

A. *Prima visione:* a screening of the scene without subtitles. (Students are expected only to grasp the general meaning of the scene and to summarize it in their own words.)

B. *Il copione:* the script of the scene in the textbook, which enables students to verify their comprehension of the scene.

C. *Alla moviola:* a brief comprehension check completed by students whenever (1) their summary of the scene after viewing alone has not been successful, or, (2) the movie is not available for viewing.

D. *Tra le righe:* checks comprehension at the linguistic and subtext level.

E. *Due minuti di grammatica:* resembles its counterpart in the first two sections of the book.

All three sections of each chapter include an *A casa* segment among the postreading activities. Here, after a text has been read and examined in class, students are asked to complete a writing activity in preparation for the next day's discussion, and to write a composition in which they express their own opinions on the subject, possibly making some reference to their personal experience. The two *A casa* activities are:

A. *Secondo me...:* asks students to reflect on specified aspects of the text with a critical eye.

B. *Con la penna in mano:* a short essay assignment on a topic related to the theme of the chapter.

Il giorno dopo also appears in all three chapter segments. The *Il giorno dopo: scambio di idee* section more typically might precede the critical thinking and writing activities. In our teaching experience, however, we have found the reverse approach to be much more effective because students are more prepared to talk about a topic after they have had time to think about it, write about it, and build up vocabulary to talk about it. The elements of *Il giorno dopo: scambio di idee* are:

A. *Confrontate:* a group activity in which students exchange ideas based on the first part of their home assignment (*Secondo me...*). The conversation then opens up to the whole class.

B. *Parlate voi!:* an oral report where students relate the content of their essays to the class, and invite comments from their classmates.

Each chapter concludes with *Il giorno dopo: tiriamo le fila*, providing an opportunity for thematic wrap-up. Students engage in activities of a comprehensive nature, bringing together the three media—journalistic, literary, and film—they have been considering:

A. *Tavola rotonda:* a structured class conversation based on a list of supplied questions.

B. *Intervista:* a paired activity enabling students to interview each other using questions of a more personal nature.

B. *Con la penna in mano:* a final short essay.

ACKNOWLEDGMENTS

We would like to thank Susan Marshall for believing in our project, and Barbara Lyons for her encouragement and assistance in all phases. Our thanks to all those who have helped us in our research of the material and in obtaining permits, in particular, Giulia Maldifassi of Ufficio Stampa Feltrinelli, Amelia Carpenito Antonucci, director of the Italian Cultural Institute in San Francisco, and Laura Gobbi, assistant curator of Western Art at U.C. Berkeley. We also wish to express our gratitude to our families and friends for their support.

Special thanks are due to the following reviewers: Patricia F. Di Silvio, Tufts University; Mark Pietralunga, Florida State University; and Albert Sbragia, University of Washington.

Indice

Prefazione   iii

1   Il comico, l'ironia, la satira politica   1

PRIMA SEZIONE: NEI GIORNALI E NELLE RIVISTE   3
Chiara Valentini: **La beffa più grande** Intervista a Dario Fo   4
SECONDA SEZIONE: NELLA LETTERATURA   11
Stefano Benni: **La chitarra magica**   14
TERZA SEZIONE: AL CINEMA   19
Nanni Moretti: **Caro diario**   20

2   Bambini   28

PRIMA SEZIONE: NEI GIORNALI E NELLE RIVISTE   30
Anna Maria Battistin: **Così piccoli, così stressati**   30
SECONDA SEZIONE: NELLA LETTERATURA   36
Linda Ferri: **Champ de Mars**   38
TERZA SEZIONE: AL CINEMA   44
Gianni Amelio: **Il ladro di bambini**   45

3   Tecnologia e mass media   52

PRIMA SEZIONE: NEI GIORNALI E NELLE RIVISTE   54
Enrico Pedemonte: **Come salvarsi dal computer**   55
SECONDA SEZIONE: NELLA LETTERATURA   63
Stefano Benni: **La casa bella**   65
TERZA SEZIONE: AL CINEMA   72
Maurizio Nichetti: **Ladri di saponette**   73

4 Essere in guerra   80

PRIMA SEZIONE: NEI GIORNALI E NELLE RIVISTE   82
Emanuele Cardona: **Ai confini dell'uomo**   83
SECONDA SEZIONE: NELLA LETTERATURA   89
Pier Vittorio Tondelli: **Ragazzi a Natale**   91
TERZA SEZIONE: AL CINEMA   98
Gabriele Salvatores: **Mediterraneo**   99

5 Mestieri, lavori   106

PRIMA SEZIONE: NEI GIORNALI E NELLE RIVISTE   108
Tiziano Sclavi: **Non ditelo a mia madre che faccio lo scrittore**   108
SECONDA SEZIONE: NELLA LETTERATURA   116
Francesco Piccolo: **Il lavoro che avrebbe voluto fare**   118
TERZA SEZIONE: AL CINEMA   128
Ricky Tognazzi: **La scorta**   129

6 Donne   136

PRIMA SEZIONE: NEI GIORNALI E NELLE RIVISTE   138
Marcella Leone: **Un ciclone di nome Emma**   139
SECONDA SEZIONE: NELLA LETTERATURA   145
Dacia Maraini: **La lunga vita di Marianna Ucrìa**   147
TERZA SEZIONE: AL CINEMA   154
Francesca Archibugi: **Verso sera**   155

7 La memoria, il passato, la nostalgia   162

PRIMA SEZIONE: NEI GIORNALI E NELLE RIVISTE   164
Anna Fiscardo: **Quel grande mistero chiamato memoria**   164
SECONDA SEZIONE: NELLA LETTERATURA   170
Antonio Tabucchi: **Sostiene Pereira**   172
TERZA SEZIONE: AL CINEMA   178
Giuseppe Tornatore: **Stanno tutti bene**   179
Credits   187

Capitolo 1

Il comico, l'ironia, la satira politica

Il Fuoco, *Giuseppe Arcimboldo, 1566 (Kunsthistorisches Museum, Vienna).*

Recentemente in Italia si è discusso molto del genere comico-satirico in occasione del premio Nobel per la letteratura conferito a Dario Fo, attore e scrittore di teatro dagli anni cinquanta a oggi.

Il teatro di Fo riprende tradizioni antiche: la tradizione del giullare° che girava per le corti e le piazze medioevali per divertire mettendo in ridicolo i potenti; la tradizione della commedia dell'arte (teatro di improvvisazione); quella del teatro di Ruzzante (autore padovano del 1500), e di Molière (autore francese del 1600), che Dario Fo ha ricordato a Stoccolma durante la cerimonia del Nobel: «Ruzzante e Molière, i miei maestri, tutti e due autori, attori, capocomici e allestitori° dei loro spettacoli: tutti e due trattati con arroganza e sprezzo° dal potere e dai letterati servi, odiati° perché combattevano° in scena contro l'ipocrisia e la violenza, facendo ridere: e si sa che il riso non piace ai potenti.»

Dario Fo, come Ruzzante e Molière, non rappresenta il mondo convenzionale, «ufficiale». Il suo punto di vista è quello degli esclusi°, degli emarginati°, della gente comune che diffida° del potere politico e religioso. Per questo forse molti, in Italia e all'estero hanno criticato la decisione del Nobel, dicendo che Fo non fa «letteratura», perché non riconoscono come letteratura una tradizione comico-satirica popolare che invece ha origini antichissime. Questa tradizione non rispetta le regole della letteratura «alta» proprio perché il suo scopo è di far parlare quelli che nella cultura ufficiale non hanno voce. Così il mondo contadino° rappresentato da Ruzzante nel 1500 non è «divertente» e «pittoresco» come lo immaginano «i signori». Sotto l'apparenza comica vediamo la realtà tragica della miseria e della sofferenza, come nel teatro di Fo assistiamo alla denuncia delle ingiustizie e delle violenze.

Anche nel cinema il genio comico non è sempre stato riconosciuto dai contemporanei. Un esempio famosissimo: Totò, attore oggi considerato un mito, sempre amato dal pubblico, non era però apprezzato dalla critica del suo tempo che considerava il suo umorismo troppo facile.

Nel cinema comico contemporaneo molti sono gli attori, i registi e gli attori diventati registi, che dovremmo ricordare: Massimo Troisi, protagonista del *Postino*, che ha continuato la tradizione della maschera napoletana ma eliminando tutti gli stereotipi del personaggio napoletano (non è mai volgare, eccessivo, aggressivo nel parlare o nel gesticolare); Roberto Benigni che per le sue qualità di mimo ricorda quelli che sono i suoi grandi modelli: Chaplin, Keaton e i fratelli Marx; Carlo Verdone, Maurizio Nichetti, Nanni Moretti...

Nelle pagine seguenti leggerete prima un'intervista di Chiara Valentini a Dario Fo, poi un racconto di Stefano Benni e infine una scena dal film *Caro Diario*, di Nanni Moretti.

 # AL QUESTIONARIO!

Rileggi l'introduzione sul tema del capitolo e poi rispondi alle domande.

1. Quali tradizioni antiche riprende il teatro di Dario Fo?

2. Perché Fo considera Ruzzante e Molière suoi maestri?

3. Perché molti hanno criticato la decisione di conferire a Dario Fo il premio Nobel?

giullare ... court jester / *allestitori* ... stage managers / *sprezzo* ... contempt / *odiati* ... hated /
combattevano ... fought / *esclusi* ... outcasts / *emarginati* ... people on the margins of society /
diffida ... mistrusts / *contadino* ... peasant

4. Anche nel cinema c'è stato un genio comico incompreso dalla critica?

5. Chi è Massimo Troisi?

6. Quali sono i modelli di Roberto Benigni?

 ## TUTTI NE PARLANO

Ci sono diverse parole in italiano e in inglese per definire ciò che fa ridere o sorridere: **umoristico, comico, ironico, sarcastico, satirico.** Lavorando in piccoli gruppi cercate di trovare un esempio di film o di spettacolo televisivo per ogni definizione. Se non ci sono esempi cercate di stabilire come si usano di solito queste parole. Confrontate le vostre conclusioni con il resto della classe.

PRIMA SEZIONE: NEI GIORNALI E NELLE RIVISTE

Dario Fo.

Vi presentiamo in questa sezione una parte dell'intervista a Dario Fo della giornalista Chiara Valentini, fatta a Milano subito dopo l'annuncio del premio Nobel. L'intervista è tratta (*taken*) dal libro *La storia di Dario Fo,* una biografia «umana, teatrale e politica» dell'attore. Alle otto domande riportate qui, Fo risponde in modo chiaro e diretto, parlando del suo teatro, del significato del Nobel, dei giovani d'oggi e del 1968 che fu l'anno della «rivoluzione culturale» in Italia, in Francia e in molti altri paesi europei. Grandi manifestazioni studentesche riempirono le strade di Parigi, di Varsavia, di Milano... come negli anni sessanta a Berkeley e in altri campus americani.

Nell'intervista che segue, Fo cita due delle sue opere più importanti, *Mistero buffo* e *Morte accidentale di un anarchico*. Tra le opere di Fo, *Mistero Buffo* è forse la più nota, sia in Italia che all'estero, ed è quella che ha suscitato più polemiche. È una satira politica e di costume che usa l'ironia, il sarcasmo e un linguaggio tutto reinventato per dissacrare il potere temporale della chiesa. Come spiega Fo, *Mistero buffo* vuol dire «spettacolo grottesco», inventato dal popolo, in contrapposizione al «mistero» come «rappresentazione sacra», inventato dalla chiesa. *Morte accidentale di un anarchico* fa riferimento al «suicidio», nel 1921 a New York, di un anarchico in un ufficio di polizia, e a un episodio simile, accaduto a Milano nel 1969, quando l'anarchico Pinelli precipitò misteriosamente da una finestra della questura.

Durante la vostra prima lettura cercate di capire il senso generale del testo (di cosa si parla, di chi si parla) e poi passate a *Prime impressioni*.

La beffa° più grande
Intervista a Dario Fo di Chiara Valentini

mockery

...questo è quello che le rimproverano° i molti che, specie in Italia, considerano uno scandalo che le abbiano dato il Nobel. «Fo è un bravissimo attore, un mimo, ma gli autori teatrali veri sono un'altra cosa» è l'obiezione più comune...

reproach

5   Chi ragiona così dimostra di non aver mai capito che cos'è il teatro. Questi signori che si esaltano alla lettura di Shakespeare dimenticano che anche i suoi testi erano canovacci.° «La parola è teatro» diceva Shakespeare. E io credo che questo Nobel sia proprio un riconoscimento° al valore che ha
10   la parola sul palcoscenico. La parola può diventare scritta dopo che è stata masticata° molte volte sulla scena. È stato così per molti autori famosi. Metà di quel che conosciamo di Ruzzante è stato stampato° dopo la sua morte. Anche i testi di Molière erano solo canovacci, finché alcuni autori tradizionali l'avevano spinto° a metterli a stampa...

plots
recognition

chewed
printed

encouraged

15   *Perché allora c'era voluto il '68 perché lei scoprisse una forma teatrale così sperimentata?*

È sempre difficile rompere con le convenzioni e in un primo momento l'avevo fatto anche per ragioni contingenti. I nostri spettacoli erano come delle messe da campo°, ogni sera in un posto diverso, senza i grandi pal-   camp-masses
20   coscenici a cui eravamo abituati°, i tecnici, i costumisti. Dovevamo arrangiar-   used to
ci° da soli, adattarci a recitare in una piazza, in una fabbrica, in un'aula uni-   to manage
versitaria. Tutto questo però ci aveva liberato da moltissimi orpelli.° È stato in   tinsels
quegli anni che ho imparato a lavorare senza scene, senza costumi, a puntare
su° risorse tutte diverse come il gesto, il suono, la parola che serve per illu-   rely on
25   strare una situazione...

Lei ha lavorato spesso all'estero... Come riuscivate a superare l'osta-colo della lingua? Cosa capivano gli spettatori?

Era come recitare in Italia. Come anche in altre occasioni due interpreti
traducevano battuta° per battuta, ma il ritmo non ne soffriva. A volte la gente   line
30   rideva prima ancora della traduzione. Come insegna il grammelot,* a teatro è
sempre la situazione che vince. Per me, come per Franca, l'America era stata
una lezione importante. Non eravamo i soliti attori in tournée°, nelle univer-   touring from city to
sità ci conoscevano, studiavano le nostre farse. E poi mi aveva colpito molto   city
la disponibilità° della gente...   availability

35   *Succede che quando i suoi testi sono rappresentati all'estero vengano adattati alle situazioni locali?*

Succede piuttosto spesso e io ne sono ben contento, proprio perché con-sidero i copioni° come materiali vivi, adattabili. Per esempio qualche anno fa   scripts
in Inghilterra *Non si paga, non si paga!* era stato centrato sui tagli selvaggi°   wild cuts
40   della Tatcher alla spesa sociale. L'avevano intitolato *Non possiamo pagare.*
Non paghiamo ed era diventato il leitmotiv della campagna antitatcheriana.
Sempre in Inghilterra *Morte accidentale di un anarchico*, messo in scena al
National Theatre, invece che di Pinelli parlava dei terroristi dell'Ira. Adatta-menti di questo genere vengono fatti di continuo.

45   *Da un punto di vista teatrale lei si sente ancor oggi figlio della conte-stazione?*

Sì, mi sento veramente figlio di quegli anni e di quelle esperienze. Nei
tempi delle occupazioni e delle lotte più dure ho scritto i miei testi migliori,
prima di tutti *Mistero buffo*... Dopo gli anni settanta ho affrontato° molto di   dealt with
50   più i temi del privato... Ma è rimasta una differenza molto importante fra il

---

Secondo la definizione stessa di Dario Fo, il grammelot è «uno sproloquio *(long rigmarole)* onomatopeico usato per imitare lingue straniere e dialetti esotici.»

mio lavoro e il teatro borghese, e non solo sul piano formale. Credo che il mio sia un teatro morale, che naturalmente non vuol dire moralistico. La morale la esprimo con la chiave del comico, del grottesco...

Come si trova a vivere e a lavorare nell'Italia di oggi? Molti sosten-
55 *gono° che paga solo il disimpegno°, che al contrario degli anni settanta adesso i ventenni, i trentenni chiedono solo spettacoli divertenti e consolatori.*

claim / non-commitment

Mi dispiace, ma io non ci sto a questa moda di dire «ma guarda che gioventù del cavolo° sta venendo avanti». Se penso al mio pubblico, a quelle
60 migliaia e migliaia di persone che incontro recitando, devo dire che i giovani sono gli spettatori migliori. Quando ci sono molti ragazzi in platea° è impossibile non accorgersene°, sono quelli che sentono di più i tempi teatrali, ridono al momento giusto, riescono a indignarsi...

damn youth (*lit.:* cavolo=cabbage)

stalls
to take notice of them

Lei era già stato candidato un'altra volta al Nobel, nel '75. Allora
65 *aveva fatto dell'ironia con chi le chiedeva se avrebbe accettato il premio... Cosa è cambiato da allora?*

Un'infinità di cose. È cambiato il mondo e sono cambiato anch'io. Questo premio l'ho sentito come un riconoscimento alla satira, al grottesco, alla libertà di ridere di noi stessi e del potere. Mi hanno commosso° le telefonate che ho
70 ricevuto dalla Turchia, dall'Algeria, dall'Afghanistan, dove le compagnie che recitano i nostri testi sono state incarcerate, perseguitate. Questo premio l'ho ottenuto anche per loro, come per tutti quelli che non si rassegnano. È un premio che ho diviso con Franca, perché ha avuto costanza, non ha mollato°, anche nei momenti peggiori. E poi bisogna ammettere che non è niente male prendere il
75 Nobel... È stata una bella beffa per gli invidiosi, per i mediocri. Una soddisfazione che non avevo mai immaginato di poter provare.

touched

let go

IN CLASSE

A. Prime impressioni

Un articolo (in questo caso un'intervista) in una lingua straniera non è sempre immediatamente comprensibile: a volte si deve rileggere il testo. Se le risposte di Dario Fo non ti sono chiare, rileggile e poi fai l'esercizio che segue. Solo più avanti, nelle sezioni *Tra le righe* e *A casa* dovrai trattare più a fondo aspetti meno evidenti del testo.

Vero o falso? Nell'intervista Dario Fo afferma che:

1. I critici che lo definiscono un bravissimo attore ma non un vero autore teatrale dimostrano di capire cos'è il teatro.

2. L'improvvisazione e la parola, come nel teatro di Ruzzante e di Molière, devono precedere il testo scritto.

3. È meglio recitare in grandi teatri con molti tecnici e costumi stravaganti.

4. È impossibile tradurre il suo teatro in un'altra lingua.

5. I suoi testi sono facilmente adattabili alle situazioni locali di altri paesi.

6. Non c'è differenza tra il suo lavoro e il teatro borghese.

7. I giovani d'oggi non capiscono niente.

8. Il premio Nobel non ha nessun valore.

 # B. SOLO PAROLE

I nomi, gli aggettivi e i verbi della colonna *A* sono presi dal testo. Prova ad associarli con parole e definizioni della colonna *B*. Incomincia con le parole che conosci e poi vai per esclusione. Lavora con un compagno/una compagna.

A   **B**

Nomi

1. riconoscimento   _____ testo

2. gesto   __1__ premio

3. copione   _____ movimento del corpo

4. disimpegno   _____ una persona di vent'anni

5. ventenne   _____ non-impegno

Aggettivi ed altre espressioni

1. all'estero   __2__ in viaggio

2. in tournée   _____ ridicolo, bizzarro, strano

3. grottesco   _____ in un altro Stato

4. invidioso   _____ ordinario

5. mediocre   _____ geloso

Verbi

1. stampare   _____ manifestare
2. recitare   _____ modificare
3. tradurre   __3__ rendere in un'altra lingua
4. adattare   _____ rappresentare sulla scena
5. esprimere   _____ pubblicare

 # C. LA SUPERFICIE DEL TESTO

L'elenco di parole che segue contiene nomi, aggettivi e verbi che avete incontrato nella lettura del testo. Completate le frasi mettendo queste parole nel giusto contesto: **costumi, parola, recitati, all'estero, testi, adattati**.

1. Il gesto, la _____ e il suono sono importanti nel teatro di Dario Fo.

2. In molti paesi le compagnie teatrali che hanno recitato i _____ di Fo sono state incarcerate.

3. Fo ha imparato a lavorare senza scene e senza _____.

Dario Fo e Franca Rame.

4. Gli spettacoli di Fo venivano _____ nelle piazze, nelle fabbriche, nelle università.

5. Dario e Franca hanno lavorato spesso _____.

6. Spesso i testi rappresentati all'estero vengono _____ alle situazioni locali.

D. TRA LE RIGHE

Molte volte, leggendo un testo, il significato di nomi, di aggettivi, di verbi è chiaro ma sfugge (*escapes*) il senso della frase o dell'intero paragrafo. Rileggete queste frasi prese dal testo e provate a interpretare le parti sottolineate (*underlined*) scegliendo fra le due alternative. Lavorate in coppia.

1. «Dovevamo *arrangiarci da soli*, adattarci a recitare in una piazza, in una fabbrica...»
   a. fare tutto noi   b. contare sempre sugli altri

2. «...due interpreti traducevano *battuta per battuta*.»
   a. letteralmente   b. modificando il testo

3. «La morale l'esprimo *con la chiave del comico, del grottesco*.»
   a. attraverso (*through*) il comico, il grottesco
   b. senza l'uso del comico, del grottesco

4. «Mi dispiace ma io *non ci sto a questa moda di dire 'ma guarda che gioventù del cavolo sta venendo avanti'*.»
   a. non sono d'accordo con quelli che descrivono i giovani d'oggi come ignoranti, incompetenti o disimpegnati.
   b. credo che i giovani d'oggi pensino solo alla moda.

5. «È un premio che ho diviso con Franca, perché ha avuto costanza, *non ha mollato*, anche nei momenti peggiori.»
   a. ha resistito   b. ha rinunciato

E. DUE MINUTI DI GRAMMATICA

È facile fare confusione tra i verbi che sono seguiti dalla preposizione «a» e quelli che sono seguiti dalla preposizione «di». Leggi velocemente questo paragrafo e completalo con la preposizione corretta.

   Dario Fo incomincia _____ improvvisare monologhi comici per gruppi di studenti e

amici già nel 1945. Continua poi _____ scrivere, dirigere e interpretare commedie satiriche

a Milano dove incontra Franca Rame. Dario e Franca scoprono _____ avere il teatro e la politica in comune. Insieme decidono _____ girare l'Italia recitando soprattutto di fronte a un pubblico di operai e di studenti. Nonostante le censure, gli arresti e i processi, Dario e Franca riprendono sempre _____ lottare per problemi sociali. Riescono _____ realizzare un teatro sociale e politico che ha successo non solo in Italia ma in tutto il mondo. Capiscono _____ occupare un ruolo importante nella storia del teatro italiano e scelgono _____ non essere conformisti.

A CASA

Dopo aver lavorato in classe sull'intervista di Chiara Valentini rifletti a casa su alcuni temi legati (*tied*) alla lettura. Le due attività che seguono ti aiuteranno a pensare ad alcuni aspetti del testo e ti prepareranno allo scambio di idee (*exchange of ideas*) del giorno dopo. Rileggi l'intervista.

 ## A. SECONDO ME...

1. Descrivi i luoghi dove Dario Fo e Franca Rame hanno recitato. Che tipo di pubblico immagini a queste rappresentazioni?

2. Elenca i quattro spettacoli citati nell'intervista. Qual è quello che è stato rappresentato di più?

3. I tagli (*cuts*) alla spesa sociale e la persecuzione politica sono temi affrontati (*dealt with*) da Fo nel suo teatro. Secono te, sono temi d'attualità? Sono temi di cui si parla anche nel tuo paese?

4. Ripeti con parole tue perché questo Nobel è importante per Fo. Cosa pensi tu dei premi Nobel in generale?

5. Vai mai a teatro? Che tipo di rappresentazioni preferisci? Cosa ti aspetti di provare quando sei a teatro? Vuoi imparare qualcosa? Che funzione deve avere lo spettacolo teatrale per te?

6. Cosa pensi del teatro politico come strumento per cambiare la realtà?

 ## B. CON LA PENNA IN MANO

Dario Fo si serve della comicità per portare all'attenzione del pubblico problematiche universali legate all'abuso di potere, alla droga, al sesso, al terrorismo, alla religione, ecc. Immagina di essere anche tu, come

Fo, autore-attore-regista: scrivi un monologo o una scena di natura comico-satirica in cui prendi di mira (*aim at*) qualcuno o qualcosa.

> ESEMPIO: Monologo:
> Cattolica, io? Sì per definizione. Sono nata in Italia dove vive anche il papa. Quindi sono italiana e cattolica!...

IL GIORNO DOPO: SCAMBIO DI IDEE

 ## A. CONFRONTATE

In gruppi di tre o quattro confrontate le risposte alle domande preparate a casa.

 ## B. PARLATE VOI!

Leggete in classe il monologo o la scena che avete scritto a casa. Chiedete ai compagni/alle compagne di commentare il vostro senso dell'umorismo! Possibili domande per iniziare la conversazione:

1. Vi è piaciuto il monologo? Vi ha divertito la scena? Perché?
2. Chi o cosa prende di mira (*aims at*)?
3. C'è qualcosa che cambiereste? Come lo fareste voi?
4. Vi ha offeso in qualche modo quello che ho detto?

SECONDA SEZIONE: NELLA LETTERATURA

L'autore

> Stefano Benni, nato a Bologna nel 1947, giornalista e scrittore di prosa e poesia, ha collaborato per anni al quotidiano *il manifesto* e a diversi settimanali. Tra le sue molte pubblicazioni: *Prima o poi l'amore arriva* (1980), raccolta di poesie comiche; *Terra!* (1983); *I meravigliosi animali di Stranalandia* (1984), esperimento

Racconti in cornice: una struttura classica.

di letteratura comica per l'infanzia; *Il bar sotto il mare* (1987); *La compagnia dei Celestini* (1992); *L'ultima lacrima* (1994), racconti sui «mostri» passati, presenti e futuri della nostra società; *Elianto* (1996), romanzo di fantascienza.

Benni costruisce storie, più o meno comiche, più o meno fantastiche sui fatti della politica, della cultura, dei modi di vivere della nostra società. La sua scrittura che mescola vari generi (la satira politica, il giallo°, la fantascienza, l'avventura), ci presenta la realtà contemporanea travestita° di assurdo e di grottesco, di comicità tragica e di ironia amara°. È un travestimento che ci aiuta a riconoscere pericoli° reali o possibili, le trappole° della pubblicità, del benessere°, del potere, del conformismo.

il giallo ... detective/mystery story / *travestita* ... disguised / *amara* ... bitter / *pericoli* ... dangers / *trappole* ... traps / *benessere* ... affluence

Il libro: *Il bar sotto il mare*

I racconti di *Il bar sotto il mare* sono inseriti in una «cornice»°, come le raccolte° classiche, ad esempio il *Decamerone* scritto da Giovanni Boccaccio nel 1348 ai tempi della peste° di Firenze. Nel suo testo il Boccaccio immagina che sette ragazze e tre ragazzi decidano di lasciare la città per ritirarsi in una villa in collina lontano dal pericolo del contagio°. Qui, per passare il tempo e tenere in vita la speranza°, si raccontano storie.

Anche Stefano Benni crea una situazione in cui diversi personaggi raccontano: siamo in un paese fantastico, in un bar sotto il mare di Brigantes dove sono riuniti vari personaggi: la sirena, il marinaio°, l'uomo con la gardenia, la ragazza col ciuffo°... e tutti vogliono raccontare la loro storia.

 # AL QUESTIONARIO!

Puoi ricordare e ripetere con tue parole le informazioni su Stefano Benni e sul suo libro? Rileggi l'introduzione e poi, lavorando con un compagno/una compagna, rispondi alle domande.

1. Benni ha usato vari generi di scrittura. Quali?

2. Quali sono i temi delle sue opere?

3. Quale situazione immagina Benni nel libro *Il bar sotto il mare*?

4. In che senso possiamo dire che il libro di Benni ha una struttura simile a quella del *Decamerone*?

 # TUTTI NE PARLANO

C'è una storia comica, tragicomica o strana di cui tutti parlano? In classe mettetevi in circolo (o in piccoli gruppi), e anche voi, come nel bar sotto il mare, raccontate la vostra storia. Può essere una storia che è su tutti i giornali, o una storia che si racconta nella vostra famiglia, o una storia completamente fantastica!

ESEMPIO: Io non sono capace di immaginare situazioni fantastiche ma posso raccontare la storia della mia famiglia che ho sentito ripetere tante volte. Mio nonno faceva l'interprete sulle navi che portavano gli immigrati dall'Italia agli Stati Uniti...

«cornice» ... frame / *raccolte* ... collections / *peste* ... plague / *contagio* ... infection / *speranza* ... hope / *marinaio* ... sailor / *ciuffo* ... forelock

La chitarra magica
Il racconto della ragazza col ciuffo

Ogni ingiustizia ci offende, quando non ci
procuri direttamente alcun profitto.
(LUC DE VAUVENARGUES)

C'era un giovane musicista di nome Peter che suonava la chitarra agli
angoli delle strade. Racimolava° così i soldi per proseguire gli studi al Con-
servatorio: voleva diventare una grande rock star. Ma i soldi non bastavano,
perché faceva molto freddo e in strada c'erano pochi passanti.

5   Un giorno, mentre Peter stava suonando «Crossroads» gli si avvicinò un
vecchio con un mandolino.

—Potresti cedermi° il tuo posto? È sopra un tombino° e ci fa più caldo.

—Certo — disse Peter che era di animo buono.

—Potresti per favore prestarmi la tua sciarpa? Ho tanto freddo.

10   —Certo — disse Peter che era di animo buono.

—Potresti darmi un po' di soldi? Oggi non c'è gente, ho raggranellato
pochi spiccioli° e ho fame.

—Certo — disse Peter che eccetera. Aveva solo dieci monete nel cappello e le diede tutte al vecchio.

15   Allora avvenne un miracolo: il vecchio si trasformò in un omone truc-
cato° con rimmel e rossetto°, una lunga criniera° arancione, una palandrana°
di lamé e zeppe° alte dieci centimetri.

L'omone disse: — Io sono Lucifumándro, il mago degli effetti speciali.
Dato che sei stato buono con me ti regalerò una chitarra fatata°. Suona da sola
20 qualsiasi pezzo, basta che tu glielo ordini. Ma ricordati: essa può essere usata
solo dai puri di cuore. Guai° al malvagio° che la suonerà! Succederebbero
cose orribili!

Ciò detto si udì nell'aria un tremendo accordo di mi settima e il mago
sparì. A terra restò una chitarra elettrica a forma di freccia°, con la cassa di
25 madreperla e le corde d'oro zecchino°. Peter la imbracciò e disse:

—Suonami «Ehi Joe».

La chitarra si mise a eseguire il pezzo come neanche Jimi Hendrix, e
Peter non dovette far altro che fingere di suonarla. Si fermò moltissima gente
e cominciarono a piovere soldini nel cappello di Peter.

(glosses)

would scrape together

give me / manhole cover

small change

made up / lipstick / mane / oversized coat
platform shoes
magic

woe (*lit.*: troubles) / wicked man

arrow
pure

30   Quando Peter smise di suonare, gli si avvicinò un uomo con un cappotto di caimano. Disse che era un manager discografico e avrebbe fatto di Peter una rock star. Infatti tre mesi dopo Peter era primo in tutte le classifiche americane italiane francesi e malgasce. La sua chitarra a freccia era diventata un simbolo per milioni di giovani e la sua tecnica era invidiata da tutti i chi-
35 tarristi.

    Una notte, dopo uno spettacolo trionfale, Peter credendo di essere solo sul palco, disse alla chitarra di suonargli qualcosa per rilassarsi. La chitarra gli suonò una ninnananna°. Ma nascosto tra le quinte del teatro c'era il malvagio   lullaby
Black Martin, un chitarrista invidioso del suo successo. Egli scoprì così che la
40 chitarra era magica. Scivolò° alle spalle di Peter e gli infilò° giù per il collo   crept up / slipped
uno spinotto a tremila volt, uccidendolo°. Poi rubò la chitarra e la dipinse di   killing him
rosso.

    La sera dopo, gli artisti erano riuniti in concerto per ricordare Peter prematuramente scomparso. Suonarono Prince, Ponce e Parmentier, Sting,
45 Springsteen e Stronhaim. Poi salì sul palco il malvagio Black Martin.

    Sottovoce ordinò alla chitarra:

—Suonami «Satisfaction».

    Sapete cosa accadde?

    La chitarra suonò meglio di tutti i Rolling Stones insieme. Così il mal-
50 vagio Black Martin diventò una rock star e in breve nessuno ricordò più il buon Peter.

    Era una chitarra magica con un difetto di fabbricazione.

IN CLASSE

A. PRIME IMPRESSIONI

A volte una lettura è sufficiente per capire i fatti principali di una storia e per avere una «prima impressione», ma se non ricordi leggi una seconda volta e poi rispondi. Solo più avanti, nella sezione *A casa*, dovrai riflettere su aspetti meno evidenti del racconto.

  1. Chi sono i protagonisi del racconto?

  2. Perché Peter riceve la chitarra magica?

3. Quali sono le caratteristiche della chitarra magica?

4. Come finisce il racconto?

5. Come definiresti il tono di questa storia? Comico? Satirico? Umoristico? Ironico? Tragico?

 # B. SOLO PAROLE

Le parole della colonna *A* sono prese dal testo, quelle della colonna *B* sono sinonimi (parole diverse ma con lo stesso significato), o parole o espressioni che logicamente puoi associare. Incomincia con le più facili e poi vai per esclusione. È un esercizio utile per arricchire il vocabolario. Lavora con un compagno/una compagna.

A   **B**

Nomi

1. passante   _____ teatro

2. mandolino   _____ pochi soldi

3. spiccioli   _____ chi passa

4. rossetto   __5__ arco

5. freccia   _____ bocca

6. palco   _____ strumento musicale

Aggettivi

1. fatata   __3__ (oro) puro

2. malvagio   _____ di grande successo

3. zecchino   _____ magica

4. trionfale   _____ cattivissimo

Verbi

1. racimolare   _____ inserire

2. proseguire   _____ far morire

3. cedere   __1__ raccogliere

4. fingere   _____ continuare

5. infilare   _____ lasciare

6. uccidere   _____ far credere

C. LA SUPERFICIE DEL TESTO

Rileggi il racconto e poi, con l'aiuto di un compagno/una compagna, completa le frasi mettendo queste parole, prese dal testo, nel contesto giusto: **difetto, madreperla, sciarpa, tombino, quinte, truccata.**

1. Il vecchio voleva stare sopra il _____ perché faceva più caldo.

2. Peter prestò al vecchio anche la sua _____.

3. Il vecchio si trasformò in un grande uomo con la faccia _____.

4. La chitarra magica aveva la cassa di _____.

5. Il malvagio Black Martin era nascosto tra le _____ del teatro.

6. La chitarra magica non suonava solo per i puri di cuore: aveva un

_____.

 D. TRA LE RIGHE

Hai capito il senso di tutte le espressioni usate da Benni? Lavorando con un compagno/una compagna leggi le frasi che seguono e poi scegli l'interpretazione che più ti convince. Confronta poi con la classe.

1. «Guai al malvagio che la suonerà!»
   a. Se un malvagio suonerà la chitarra magica avrà grossi problemi.
   b. Stai attento al malvagio che la suonerà!

2. «La chitarra si mise a eseguire il pezzo come neanche Jimi Hendrix,...»
   a. La chitarra suonava il pezzo quasi come Jimi Hendrix.
   b. La chitarra suonava il pezzo meglio di Jimi Hendrix.

3. «...e Peter non dovette far altro che fingere di suonarla.»
   a. Peter non doveva fingere di suonarla.
   b. Peter doveva solo fingere di suonarla.

4. «Scivolò alle spalle di Peter e gli infilò giù per il collo uno spinotto a tremila volt, uccidendolo.»
   a. (Il malvagio) arrivò piano dietro Peter e lo uccise mettendogli giù per il collo un conduttore di corrente elettrica.
   b. (Il malvagio) cadde dietro Peter e lo uccise accidentalmente.

5. «... gli artisti erano riuniti in concerto per ricordare Peter prematuramente scomparso.»

a. Gli artisti fecero un concerto per trovare Peter che era scomparso.

b. Gli artisti fecero un concerto per commemorare Peter che era morto troppo presto.

 ## E. DUE MINUTI DI GRAMMATICA

Ricordi gli aggettivi possessivi? Completa i due paragrafi con la forma corretta di «suo», «mio», dell'articolo o della preposizione articolata quando necessario.

Peter aveva lasciato al vecchio _____ posto sopra il tombino, gli aveva prestato

_____ sciarpa, e gli aveva dato _____ dieci monete. Era una ragazzo di

buon cuore e, quando morì, _____ amici organizzarono un concerto per ricordarlo.

Quando ho letto i racconti di Stefano Benni, ho pensato che sarebbero piaciuti a

_____ fratello e anche a _____ sorellina. Poi li ho fatti leggere a _____

cugine e a _____ cugini e anche loro si sono divertiti.

A CASA

 ## A. SECONDO ME...

È più facile discutere quando si è avuto il tempo di riflettere a casa, con calma, sul racconto. In preparazione alla discussione di domani scrivi la tua risposta a queste domande.

1. Nella descrizione dei personaggi Benni usa molte «esagerazioni» o elementi grotteschi. Per esempio: «omone truccato con rimmel e rossetto...» Cerca altri esempi.

2. Perché, secondo te, Benni ha creato questi personaggi? Sono completamente assurdi o ti ricordano aspetti del mondo dello spettacolo? Quali aspetti?

3. Cosa pensi del finale della storia? Ti ha sorpreso? Che aggettivo useresti per definirlo? Ironico? Cinico? Pessimista? Divertente?

4. Hai letto o visto storie sul mondo dello spettacolo simili a questa? O molto diverse? Quali?

5. Dopo aver letto il racconto di Benni come interpreti la frase che lo precede: «Ogni ingiustizia ci offende, quando non ci procuri direttamente alcun profitto.»?

B. Con la penna in mano

Ti piacciono i racconti o i fumetti comici? Hai uno scrittore comico preferito? Che tipo di umorismo preferisci? Scrivi almeno una pagina.

> **ESEMPIO:** Per me Dario Fo è un genio! E non lo dico solo perché ha ricevuto il premio Nobel. Dario Fo e sua moglie Franca Rame hanno un tipo di umorismo tutto particolare in cui si mescolano la satira politica, il grottesco, la farsa...

IL GIORNO DOPO: SCAMBIO DI IDEE

 ## A. Confrontate

Lavorando in piccoli gruppi confrontate con i compagni/le compagne le risposte alle domande che avete completato a casa. Poi confrontate con il resto della classe.

 ## B. Parlate voi!

Leggete o raccontate in classe quello che avete scritto nel tema. Alla fine fate alcune domande per stimolare la discussione. Per esempio:

1. Conoscete il libro o l'autore di cui ho parlato?
   Qual è la vostra impressione? Siete d'accordo con me?
2. Preferite il genere comico o drammatico? Perché?

TERZA SEZIONE: AL CINEMA

Il regista

Nanni Moretti è forse il più amato tra i registi che rappresentano il cinema italiano dagli anni settanta ad oggi. Nei suoi film la storia di una generazione, dal 1968 al presente, viene registrata con la precisione di un diario. *Io sono un autarchico, Sogni d'oro, Ecce Bombo, La messa è finita, Bianca,*

Nanni Moretti, regista e attore in Caro diario.

Palombella rossa, sono le tappe di un itinerario: prima il desiderio, la speranza di potere cambiare tutto; poi le delusioni°, le frustrazioni, le incertezze.

Si è detto di lui che è «l'ideale fratello maggiore della letteratura minimalistica americana degli anni ottanta» (Brunetta, *Cent'anni di cinema italiano*). Moretti mette in scena la vita di tutti i giorni, di personaggi che si sentono sempre un po' fuori posto, in una realtà che non li convince ma che non possono o non vogliono più modificare. Il suo stile di regia° è essenziale, caratterizzato dalla semplicità assoluta nell'uso della macchina da presa°; il suo linguaggio è originale, senza riferimenti ai modelli del passato.

Caro diario è il film che gli ha dato fama internazionale: oggi Nanni Moretti è riconosciuto in tutto il mondo come un maestro.

Il film: *Caro diario*

Diviso in tre episodi, *Caro diario* ha come protagonista Moretti: autore, regista, attore e protagonista del suo film che è anche il diario di alcuni «pezzi» della sua vita.

Siamo nella Roma di oggi. Nel primo episodio Moretti fa «quello che più gli piace fare»: gira per le strade con la sua vespa°, nei quartieri vecchi e in quelli nuovi, in quelli ricchi e in quelli poveri. Guarda le case, contempla gli stili, i colori, le atmosfere. Parla con la gente, ascolta la musica, balla... e noi siamo dietro di lui, dietro la sua vespa, e con lui riscopriamo il piacere di guardare e di ascoltare, di

delusioni ... disappointments / *regia* ... film direction / *macchina da presa* ... (movie) camera / *vespa* ... scooter

vedere Roma come la vede uno che la ama. Poi Moretti ci porta con lui fuori città, in un pellegrinaggio lungo e silenzioso verso il luogo dove è stato ucciso un altro grande regista che amava Roma: Pier Paolo Pasolini.

Nel secondo episodio Moretti cerca nelle isole una pausa alla vita di città. Alicudi, Stromboli, Panarea... splendide piccole isole, un tempo paradisi naturali, ora sono invase da nevrosi, miti, fissazioni. Gli intellettuali amici di Moretti che si sono trasferiti a vivere lì, sembrano avere perso la misura delle cose e dei sentimenti: la natura ha perso il suo equilibrio e così le persone.

Il terzo episodio è la cronaca di una malattia del regista e del suo sfortunato incontro con il mondo della medicina. È un calvario personale che diventa la storia di tutti i malati, impotenti davanti a una «scienza» che è incapace di riconoscere i propri limiti. Alla fine del film l'umorismo di Moretti sdrammatizza, come sempre, la tragicommedia della vita.

 ## AL QUESTIONARIO!

Rileggi l'introduzione sul regista e sul film, poi, lavorando con un compagno/una compagna, rispondi alle domande con frasi complete.

1. Quale generazione rappresenta Moretti nei sui film?
2. Come sono i suoi personaggi?
3. Com'è il suo stile di regia?
4. Di che cosa tratta il primo episodio di *Caro diario*?
5. Chi è Pier Paolo Pasolini?
6. Di che cosa trattano il secondo e il terzo episodio di *Caro diario*?

 ## TUTTI NE PARLANO

Paradisi perduti! Tutti parlano della distruzione del nostro ambiente: troppi rumori, troppo inquinamento, troppe foreste in pericolo. Hai visto qualche film che tratti questo argomento in modo un po' umoristico come fa Moretti? O in modo serio? Lavorando in piccoli gruppi parlate di questi film. Poi confrontate con la classe.

IN CLASSE

Prima guardate tutto il film, *Caro diario*, poi concentratevi su due brevi scene tratte dal secondo capitolo. Nella prima scena Nanni e il suo amico sono in cima al vulcano nell'isola di Stromboli. Nella seconda scena i due amici sono sul balcone di una casa nell'isola di Alicudi: scrivono. L'amico di Nanni è un intellettuale che vive a Lipari (una delle isole) da undici anni; in una scena precedente a queste aveva dichiarato di non guardare mai la televisione e di non essere interessato a nessun programma televisivo. Guardate invece cosa succede in queste due scene.

Se non avete il film a disposizione, saltate (*skip*) *A*, passate direttamente a *B* e rispondete solo alle domande in *C*.

A. PRIMA VISIONE

1. Guardate la prima scena (se ci sono sottotitoli, copriteli). Poi, con l'aiuto di un compagno/una compagna, riassumete in due o tre frasi quello che succede nella scena.

2. Guardate la seconda scena e ripetete l'esercizio.

B. IL COPIONE (THE SCRIPT)

Ecco il testo delle due scene del film. Leggilo e poi passa subito *Alla moviola*.

PRIMA SCENA: (A Stromboli: Nanni e l'amico sono seduti in cima° al vulcano)	top
AMICO: Non ti voltare°.	turn around
NANNI: Che c'è?	
AMICO: Un gruppo di americani al rifugio°. Ho bisogno di un favore, io mi	rest area
5 vergogno°... Vorrei sapere se Sally Spectra ha detto o no al marito che	I am embarrassed
lei sta aspettando un figlio... *Beautiful*... no?	
NANNI: Ah!...	
AMICO: In America sono andati più avanti con le puntate°.	episodes
NANNI: Ah sì, sono avanti con le puntate, sì.	
10 AMICO: ...e poi se Stephanie ha saputo nulla, dopo avere messo i microfoni	
nella casa della nuova moglie del suo ex-marito.	
(Nanni si alza, scende verso il gruppo di americani)	
NANNI: *(a un certo punto si ferma e grida all'amico)* Nancy, di chi è la	
moglie Nancy?	
15 AMICO: Di Thorn!	
NANNI: Ma Stephanie, dove li aveva messi i microfoni?	
AMICO: Nella casa della nuova moglie del suo ex-marito!	
NANNI: E perché?	
AMICO: Perché è gelosa!	
20 NANNI: *(arriva davanti al gruppo di americani)* Hello, excuse me, good	
morning, excuse me, could you tell me if Sally... *(si ferma ancora e*	
grida all'amico) Qual era il problema di Sally Spectra?	

AMICO: Aspetta un figlio! Il marito lo sa o no?

NANNI: (*al gruppo di americani*) Ecco, has Sally Spectra told her husband
25 that she is pregnant?

AMERICANA: Sally Spectra from *The Bold and the Beautiful*?

NANNI: *Beautiful.*

AMERICANA: She has.

NANNI: (*grida all'amico*) Gliel'ha detto!
30 (*poi rivolto all'americana*) The last question: is Thorn working on
fixing his marriage or is Nancy in love with her tennis instructor?

AMERICANA: Right now, Nancy is madly in love with the tennis instructor.

NANNY: Now, at this moment, queste puntate?

AMERICANA: Yes.
35 NANNY: (*grida all'amico*) In questa fase Nancy è pazza d'amore per il maestro di tennis! Non ci sono speranze per Thorn!

SECONDA SCENA: (*Ad Alicudi: Nanni, l'amico e un abitante di Alicudi sono seduti sulla terrazza di una casa*)

NANNI: (*sta scrivendo il suo diario*) Siamo ad Alicudi già da diversi giorni. È
40 veramente un'isola diversa dalle altre dove finalmente riusciamo a con-
centrarci. Qui c'è molta calma... una calma terribile.

ABITANTE DI ALICUDI: State lavorando?

NANNI: Sì, io ora sto scrivendo il mio diario, però insomma, in questi giorni...

AMICO: Io sto scrivendo una lettera al papa perché ha scomunicato le teleno-   soap-operas
45 velas°. Dice che sono un pericolo per l'unità della famiglia. Ve la leggo:
«Caro Santo Padre, mi perdoni ma Lei sta sbagliando. Le nostre
famiglie sono sempre più chiuse nel loro egoismo, ma grazie alle telenovelas noi esprimiamo curiosità e interesse per altre famiglie lontane   share
di cui condividiamo° i guai, i drammi, i problemi, le gioie.
50 Ines,
una segretaria,
ore dieci e trenta.»

C. ALLA MOVIOLA (AT THE FILM-EDITING MACHINE)

Torniamo indietro: avevate capito tutto prima di leggere il copione del film? Fate la prova: rileggete il riassunto che avete fatto. Rispecchia (*does it reflect*) il dialogo delle scene? Se no, provate a rispondere a
queste domande e poi confrontate con il resto della classe.

1. Che favore chiede l'amico a Nanni? Perché?

2. Cosa vuole sapere esattamente l'amico?

3. Sanno rispondere gli americani alle domande di Nanni?

4. Cosa fanno i due amici sulla terrazza ad Alicudi?

5. Perché l'amico scrive una lettera al papa?

 # D. TRA LE RIGHE

Lavorando in coppia rispondete a queste due domande:

1. Nanni Moretti in queste due brevi scene fa dell'ironia su diverse cose: sulla televisione, sulle telenovelas, sulle persone che guardano questi programmi, sugli uomini, sulla religione,

Paradisi perduti in Caro diario *di Nanni Moretti.*

sulla famiglia. Ecco un esempio: l'amico di Nanni, un uomo, firma la sua lettera al papa così, «Ines, una segretaria, ore dieci e trenta». Perché? Qual è l'ironia implicita? Spiegate.

2. Adesso cercate altri esempi (evidenti o meno evidenti) di parole, frasi, immagini che hanno reso queste due scene comiche.

 ## E. DUE MINUTI DI GRAMMATICA

Completa il paragrafo con il «presente» del verbo irregolare in parentesi.

Nel terzo capitolo del suo film Nanni Moretti _____ (fare) dell'ironia sui medici e sulle loro cure. Nanni ha il prurito (*itch*) e continua a grattarsi, giorno e notte. _____ (andare) da molti dermatologi, alcuni famosi e altri meno conosciuti. Tutti gli _____ (dare) una lista infinita di medicine da prendere: nessuna naturalmente funziona. Nanni _____ (stare) ore in ambulatori, ospedali, farmacie: tutti i dottori che consulta gli _____ (dire) che ha delle allergie. Alla fine Nanni scopre che le medicine che ha preso non hanno niente a che fare con la causa del suo prurito.

A CASA

 ## SECONDO ME...

Dopo aver visto *Caro diario* e dopo aver lavorato sul copione, soffermati ancora un momento (*think a little longer*) a casa su alcuni punti legati al film. Domani, alla *Tavola rotonda*, confronta le tue risposte con il resto della classe.

1. Cerca su una mappa dove si trovano le isole di cui parla Nanni Moretti nel suo film: Lipari, Stromboli, Panarea, Alicudi. Che cosa cercava Nanni in queste isole? È riuscito a trovare quello che cercava?

2. L'amico di Nanni vive a Lipari da undici anni e continua a studiare l'*Ulisse* di Joyce. Non può fare a meno della televisione però, e conosce tutte le telenovelas. È una contraddizione secondo te, essere un intellettuale ed essere appassionato di telenovelas allo stesso tempo? Perché la gente guarda questo tipo di programmi? Tu li guardi mai? Li trovi drammatici o comici?

3. Anche tu, come Moretti, stai scrivendo il tuo diario in capitoli. Come intitoleresti i tuoi primi tre capitoli? Dove li scriveresti?

4. Se hai visto tutto il film *Caro diario*, c'è qualche attore/regista americano che ti ricorda lo stile di Moretti? Spiega.

IL GIORNO DOPO: TIRIAMO LE FILA

 ## A. TAVOLA ROTONDA

Mettetevi in cerchio e aprite il dibattito sui alcuni punti. Assegnate i ruoli: alcuni sono giornalisti, altri critici cinematografici, altri attori comici, ecc. Prendete posizione e discutete. Uno di voi, il moderatore, fa le domande:

1. Usereste il film, il racconto, o la rappresentazione teatrale per parlare della vostra vita? E per criticare la società? E per raccontare qualcosa di fantascientifico o di immaginario? Quale genere scegliereste? Il comico? Il tragicomico? La satira politica? Perché?

2. Secondo voi, si abusa del genere comico oggi? Se sì, come? Cosa pensate delle «sit-coms»? E delle «stand-up comedies»? Perché hanno così successo?

3. Cosa pensate delle persone che vorrebbero censurare alcuni tipi di satira?

4. Pensate a un film, a un attore, a un'attrice, o a una trasmissione televisiva che considerate veramente comici. Spiegate perché.

5. Pensate ai grandi comici del passato (Charlie Chaplin, Buster Keaton...) e a quelli del presente. Cos'è cambiato? Spiegate con esempi.

 ## B. CIAK SI GIRA!

Adesso dividete la classe in due o tre gruppi e improvvisate una breve scena prendendo come punto di partenza il racconto di Stefano Benni o il film di Nanni Moretti. Potete essere fedeli (*faithful*) al testo o introdurre delle varianti. Assegnate i ruoli: alcuni sono attori, altri registi, scenografi, sceneggiatori, ecc... Divertitevi!

C. CON LA PENNA IN MANO: TUTTI IN BIBLIOTECA!

1. Fai una piccola ricerca sulle origini del genere comico e della satira. Riporta poi i punti più importanti in una relazione di due pagine.

2. Molière, Ruzzante, Shakespeare: scegli un'opera comica scritta da uno di questi autori e fai una piccola relazione di due pagine.

Capitolo 2

Bambini

Studio di bambini, *Leonardo da Vinci (Accademia, Venezia)*.

Un tempo, negli scritti dei teorici, dei filosofi e dei poeti, l'infanzia era sinonimo di età felice, incontaminata dalla civiltà e dagli orrori del male. Oggi abbiamo aperto gli occhi su una realtà diversa, quella che appare nella cronaca dei giornali, nelle notizie televisive e su Internet: troppi bambini sono sfruttati°, maltrattati°, uccisi. Sono l'anello° più debole° della catena sociale, non sanno difendersi e spesso subiscono° le conseguenze dei problemi, delle frustrazioni, dell'avidità degli adulti.

La situazione italiana non è diversa da quella di altri paesi. Gli episodi di pedofilia sono frequenti al punto che a Napoli i nonni si sono organizzati per accompagnare a scuola i bambini e fare servizio di vigilanza. Nella ricca Modena è stata recentemente scoperta un'organizzazione che sfruttava bambini «comprati» in Marocco. I bambini vivevano in un porcile° appena fuori dalla città e di giorno lavavano i vetri delle macchine ai semafori° per guadagnare soldi per i loro padroni...

I bambini delle classi sociali più alte sono sfruttati in altro modo: da una recente inchiesta° pubblicata sull'*Espresso* risulta che il nuovo obiettivo della macchina pubblicitaria è la generazione sotto i sedici anni. Gli adolescenti non consumano abbastanza? Allora facciamo consumare i bambini. A otto anni i bambini sono già potenziali protagonisti del mercato che inventa mode costose, firmate, e oggetti sempre più inutili specificamente per loro. Così protesta una madre: «Se i nostri figli sono consumisti? Per forza, vengono bombardati dalla pubblicità e chiedono tutto quello che vedono in tv. Sta a noi genitori dettare regole precise. Altrimenti sbagliamo.»

Per fortuna non ci sono solo coloro che si occupano della sub-cultura dell'infanzia. Sulla rivista *Effe*, un articolo di Antonio Faeti, professore di Letteratura per l'infanzia all'Università di Bologna, presenta una panoramica della letteratura «classica» e dei nuovi libri dedicati ai bambini. Tra i classici *Favole al telefono* e *Grammatica della fantasia* di Gianni Rodari; *Il giornalino di Gian Burrasca* di Vamba; *Pinocchio* di Carlo Collodi; *Kim* di Rudyard Kipling; *Le avventure di Tom Sawyer* di Mark Twain; *Alice nel paese delle meraviglie* di Lewis Carrol; *Marigold* di Lucy Montgomery... Tra le novità *Motu-iti, l'isola dei gabbiani*, di Roberto Piumini; *Paura! racconti col brivido*, di Donatella Zilotto; *La gran fiaba intrecciata*, di Beatrice Solinas Donghi...

«...Kim, Tom, Alice, Pinocchio contengono grandi paradigmi, scrutano° una componente perenne dell'anima infantile, sono indispensabili frammenti di una storia dell'infanzia di cui non si può fare a meno proprio mentre si uccidono, si sfruttano, si sprecano° tanti bambini.» (Antonio Faeti)

In questo capitolo vi presenteremo prima un articolo sui bambini e lo stress; poi un racconto di Linda Ferri che ricorda un padre protettivo e desideroso di far partecipare le figlie a nuove esperienze; e infine una scena del film di Gianni Amelio: *Il ladro di bambini*.

 # AL QUESTIONARIO!

Rileggi l'introduzione al tema del capitolo e poi completa il questionario.

1. Che iniziativa hanno preso i nonni di Napoli? Perché?

sfruttati ... exploited / *maltrattati* ... abused / *anello* ... ring / *debole* ... weak / *subiscono* ... suffer / *porcile* ... pigsty / *semafori* ... traffic lights / *inchiesta* ... poll / *scrutano* ... analyze / *si sprecano* ... are wasted

2. In Italia la pubblicità invita i bambini al consumismo? Come?

3. Ricordi il titolo di almeno due libri classici per l'infanzia citati dal professor Faeti?

4. Perché, secondo Faeti, questi libri sono importanti per i bambini?

 ## TUTTI NE PARLANO

Conversando in piccoli gruppi, fate un elenco dei libri per l'infanzia più popolari quando voi eravate piccoli. Poi discutete se voi consigliereste gli stessi libri ai vostri figli, perché sì, o perché no, e quali potrebbero essere oggi le vostre alternative.

PRIMA SEZIONE: NEI GIORNALI E NELLE RIVISTE

In questo capitolo leggerete un articolo che tratta dello stress infantile e delle sue cause. L'articolo, scritto dalla giornalista Anna Maria Battistin in una sezione dedicata ai figli, è stato pubblicato sulla rivista *Io donna*.

Così piccoli, così stressati

Cibi integrali, giochi intelligenti, corsi extrascolastici. Così i genitori cercano di mitigare la loro ansia. Mandando in tilt i bambini, sempre «sotto controllo»

A colazione muesli integrale°, magari con gli occhi fissi sul primo cartoon televisivo del mattino. E poi via di corsa° alla scuola più esclusiva della città, dai metodi pedagogici molto avanzati. Nel pomeriggio i soliti corsi, di nuoto, di musica, di danza. E poi una bella cena salutista° (niente cioccolato!),
5 un video scelto con cura e una grande disponibilità° a parlare di tutto. E a giocare a qualche gioco «intelligente». I genitori "politically correct" pianificano° ogni particolare della vita dei loro figli con grande meticolosità. Forse troppa: al punto da incrementare un malessere° molto diffuso anche fra

whole wheat
running/in a hurry

wholesome
availability

plan
malaise

Non sempre i giochi «intelligenti» sono i più educativi.

i più piccoli, lo stress. Secondo uno studio recentemente pubblicato dalla ri-
10 vista inglese *Archives of disease in childhood*, lo stress infantile deriva dal
continuo stato di tensione a cui troppo spesso i bambini vengono sottoposti°.   subjected

«Circa la metà dei disturbi infantili sono dovuti a fattori psicoambien-
tali, e in particolare alla spirale di ansia che si crea in famiglia: soprattutto
quando si fa tutto per il bambino, come nel caso dei genitori «perfetti», ma in
15 realtà non si presta loro ascolto°» afferma il pediatra inglese Anthony   they don't listen to them
Costello. «Il bambino «inascoltato» manifesta così il suo malessere con sin-
tomi fisici o comportamentali°: dall'asma al mal di testa, dall'iperattività ai   behavioral
disturbi dell'apprendimento°». Ormai è una consapevolezza° diffusa che le re-   learning / awareness
lazioni familiari sono all'origine di molti mali più o meno «oscuri»...

20   (Il bambino) si trova a fare i conti non solo con le esasperate
aspettative° dei genitori e con la loro tendenza ad abbreviare l'infanzia, ac-   expectations
celerandone i tempi, ma anche con un altro motivo di ansia: «Già in età sco-
lare, quando ci si comincia a chiedere: «Che cosa farò da grande?», i bambini
avvertono° tutta l'incertezza di un futuro che si prospetta nebuloso, precario.   sense
25 E che contrasta fortemente con le speranze dei genitori» spiega Giovanni
Sgritta, docente di sociologia alla Sapienza di Roma, autore di numerose
ricerche sulla condizione dei minori. Ma gli stessi genitori sono pieni di
dubbi, di incertezze. «Non hanno modelli validi a cui riferirsi e sono terroriz-
zati dall'idea di sbagliare» osserva Manuela Trinci...

30   E spesso è proprio l'ansia di controllo che li induce a colmare° il loro   to fill
tempo libero con attività prestabilite, impedendo il «lavoro» più serio dell'infanzia: il gioco. Si restringe così anche quello «spazio segreto», che serve ai
bambini a elaborare conflitti e tensioni attraverso la fantasia. E a ricreare la
realtà secondo i propri desideri».

IN CLASSE

A. PRIME IMPRESSIONI

Hai capito i punti principali dell'articolo sui bambini stressati? Se no, rileggilo e poi rispondi alle domande
che seguono.

Secondo l'articolo:

1. Cosa fanno di solito i figli di genitori "politically correct"?
   a. cosa guardano?   b. cosa mangiano?
   c. che scuole frequentano?   d. con che cosa giocano?

2. Qual è il malessere più diffuso tra i bambini? Quali sono le cause?

3. Cosa c'è all'origine di molti disturbi infantili?

4. Come sentono (*feel*) il futuro i bambini?

5. Perché i genitori sono pieni di dubbi e di incertezze?

6. Di che cosa hanno bisogno i bambini per elaborare conflitti e tensioni?

7. Qual è il vero lavoro del bambino secondo l'articolo?

B. SOLO PAROLE

I nomi, gli aggettivi e i verbi della colonna *A* sono tutti presi dal testo. Prova ad associarli con parole e
definizioni della colonna *B*. Incomincia con le parole che conosci e poi vai per esclusione. Lavora con un
compagno/una compagna.

A   **B**

Nomi

1. ansia   _____ contrario di benessere

2. malessere   _____ angoscia

3. consapevolezza   _____ esitazione

4. aspettativa   __3__ il sapere, il conoscere

5. incertezza   _____ ciò che uno si aspetta

Aggettivi

1. esclusivo
2. salutista
3. infantile
4. esasperato
5. precario

_____ dell'infanzia

_____ unico

_____ instabile

_____ che fa bene alla salute

_4__ eccessivo

Verbi

1. incrementare
2. prestare ascolto
3. abbreviare
4. contrastare
5. impedire

_____ accorciare

_____ aumentare

_____ ascoltare

_5__ rendere difficile o impossibile

_____ essere in contrasto

C. LA SUPERFICIE DEL TESTO

L'elenco di parole che segue contiene nomi, aggettivi e verbi che avete incontrato nella lettura dell'articolo. Completate le frasi mettendo queste parole nel giusto contesto: **stressati, sbagliare, spazio, abbreviare, giochi, extrascolastici.**

1. Alcuni genitori tendono ad esagerare con i _____ educativi e con i corsi extrascolastici.

2. È un errore cercare di _____ l'infanzia.

3. I bambini sono già _____ quando incominciano le scuole elementari.

4. I genitori hanno spesso paura di _____.

5. Il bambino ha bisogno di uno _____ tutto suo in cui lavorare con la fantasia.

D. TRA LE RIGHE

Rileggi queste frasi prese dall'articolo e poi trova l'interpretazione giusta per ogni parola o espressione sottolineata (*underlined*). Lavora con un compagno/una compagna.

1. «Cibi integrali, giochi intelligenti, corsi extrascolastici. Così i genitori cercano di mitigare la loro ansia. *Mandando in tilt* i bambini, sempre sotto controllo.»
   a. confondendo i bambini   b. aiutando i bambini

2. «(Il bambino) *si trova a fare i conti* non solo con le esasperate aspettative dei genitori...»
   a. deve confrontarsi   b. deve sempre fare i compiti di matematica

3. «*Si restringe* così anche quello 'spazio segreto' che serve ai bambini a elaborare conflitti e tensioni...»
   a. diventa più piccolo   b. diventa più grande

E adesso fai una frase con ognuna di queste espressioni.

 # E. Due minuti di grammatica

Leggi velocemente questo paragrafo e completalo con il presente dei verbi «volere», «dovere» e «potere».

Marco è un bambino di sette anni molto vivace. I suoi genitori _____ (volere) che impari a suonare il piano, a parlare in spagnolo, a usare il computer e a giocare a scacchi (*chess*). Marco invece _____ (volere) arrampicarsi (*climb*) sugli alberi e giocare con il suo cane. Cosa _____ (dovere) fare i suoi genitori? Marco _____ (dovere) suonare il piano per forza? Alcuni genitori non _____ (potere) fare a meno di controllare la vita dei loro figli. Come _____ (potere) ribellarsi un bambino di sette anni?

A CASA

A. Secondo me...

In preparazione alla discussione in classe di domani rifletti su queste affermazioni legate all'articolo. Scegli una delle tre risposte e preparati a giustificare le tue scelte.

1. Pianificare ogni particolare della vita dei propri figli è una buona idea.

   sempre _____   mai _____   in alcuni casi particolari _____

2. Il mondo creato dal bambino coincide con le aspettative dei genitori.

   qualche volta _____   sempre _____   mai _____

3. Lo stress nei bambini incomincia in famiglia.

     spesso _____   sempre _____   raramente _____

4. Si dovrebbe rimanere bambini

     sempre _____   fino a dieci anni _____   il più a lungo possibile _____

5. Completa questi pensieri:

    a. sono contento/a che da piccolo/a i miei genitori mi abbiano forzato/a a _____

       perché _____

    b. sono contento/a che da piccolo/a nessuno mi abbia forzato/a a _____

       perché _____

 B. CON LA PENNA IN MANO

Sei uno/una psicoterapeuta infantile: scrivi due pagine in cui dai consigli a un gruppo di genitori.
Alcuni punti di partenza da considerare:
1. Cos'è l'infanzia? Come deve viverla il bambino?
2. Cosa devono/non devono fare i genitori per creare un ambiente sereno e felice per il bambino?
3. .....

IL GIORNO DOPO: SCAMBIO DI IDEE

 A. CONFRONTATE

Confrontate le risposte al questionario che avete completato a casa. Giustificate le vostre scelte.

 B. PARLATE VOI!

Siete a una conferenza di psicoterapeuti infantili. Presentate ai vostri colleghi i consigli che avete dato al gruppo di genitori. Aprite poi il dibattito con domande come questa:

Con quale di queste due affermazioni siete d'accordo? Perché?

a. I bambini hanno bisogno di essere incoraggiati a fare molte cose. È importante presentare al bambino molte alternative e lasciare (*let*) che decida da solo, senza forzarlo.

b. I bambini non sanno cosa è bene per loro quando sono piccoli. I genitori devono decidere per loro.

SECONDA SEZIONE: NELLA LETTERATURA

L'autrice

Linda Ferri è nata a Roma nel 1957. Si è laureata in Scienze politiche a Parigi e in Filosofia della storia a Firenze. Lavora da tempo nell'editoria e *Incantesimi*° (Feltrinelli, 1997), è il suo primo libro.

Il suo stile, ricco di immagini, usa spesso nomi e aggettivi in modo insolito° per creare una visualità nuova ed intensa. Il risultato è una prosa che, a volte, ha bisogno dell'intuizione, come la poesia.

Il libro: *Incantesimi*

Potremmo definire questo libro un romanzo dell'infanzia a episodi. Ogni episodio è indipendente, un racconto a sé, una breve avventura della memoria che ricorda momenti separati, «folgorazioni dei primi incontri con la vita»: la nascita della sorellina Clara, il trasloco a Parigi, un viaggio a trovare i parenti della mamma in America, le amicizie e i tradimenti°, i primi amori, la morte del papà...

C'è immediatezza, magia, divertimento, ma anche il dolore delle prime separazioni. Linda Ferri ci invita «a frugare° nelle pieghe° della memoria, a risvegliare gli «incantesimi» della propria infanzia—il tesoro che è alla radice° di quello che siamo.»

Nel racconto che segue, una giornata a Parigi nella primavera del 1968, quando le strade e le piazze si riempivano° di giovani che manifestavano per un mondo migliore.

Incantesimi ... charms / *insolito* ... unusual / *tradimenti* ... betrayals / *frugare* ... search / *pieghe* ... folds / *radice* ... root / *si riempivano* ... were filled

Memorie magiche.

 ## AL QUESTIONARIO!

Rileggi rapidamente l'introduzione e poi rispondi con frasi complete.

1. Il libro di Linda Ferri è un romanzo o una serie di racconti?
2. Di che cosa tratta questo libro?
3. Puoi capire dall'introduzione perché si intitola *Incantesimi* ?
4. Cosa significa affermare che l'infanzia è «il tesoro alla radice di quello che siamo»?

TUTTI NE PARLANO

Come la protagonista di *Incantesimi*, tutti i bambini hanno i loro problemi, piccoli o grandi. Dividete la classe in piccoli gruppi e aprite un dibattito su quello che sarà secondo voi il problema numero uno per i bambini del Duemila. In ogni gruppo preparate una breve relazione sul problema e sulle vostre proposte di soluzione. Leggete poi le vostre relazioni e confrontate con il resto della classe.

Champ de mars

Stiamo camminando su un mare di macchine, come Gesù sulle acque. Mio padre ci tiene per mano, e io e Clara ci arrampichiamo° su cofani° e tetti, col fiato° corto per l'emozione, badando° a non scivolare° se qualcuno ci contende° il passaggio.

5   I marciapiedi sono neri di folla° che trabocca° sulla strada cercando di infilarsi tra le automobili ferme, ma non c'è spazio, e allora sono in tanti, sempre più numerosi, a raggiungerci su quello scomodo sentiero°.

È una sera calda di maggio. Maggio 1968 a Parigi.

La manifestazione del Champ de Mars straripa° nei viali che circondano
10 il parco. Tra l'isteria dei clacson, si sentono slogan, canti, grida, in un clima di festa che a tratti si arroventa° per esplodere qua e là — un vetro che vola in frantumi°, uno scambio di insulti e di spintonate°, una rissa°. Io mi aggrappo° alla mano di papà — la mia boa nel mare in tempesta. Sudo° nello sforzo di tenermi in piedi su quel terreno° scivoloso e alto, su quel tetto in cui ormai
15 siamo in quattro, e adesso l'automobilista infuriato esce dalla macchina e ci urla di scendere, di scendere subito dal tetto della sua macchina, fannulloni vandali che non siamo altro. Ha gli occhi come ampolle° di sangue giusto all'altezza dei miei piedi, ed ecco che fa per afferrarmi un polpaccio° — ho una paura nuova, sconosciuta, stranamente piacevole, una corrente che mi corre
20 leggera sul filo della pelle° — perché c'è mio padre con me e niente, niente di grave brutto irreparabile mi può accadere, neanche adesso che la mano dell'automobilista è sulla mia gamba e tira°, per farmi scendere, per farmi cadere, mentre mio padre mi tira dall'altra parte gridandogli di non toccarmi, di aspettare un momento che scendiamo da soli. La mano mi molla° e finisco

Glosses (right margin):
- climb / hoods
- breath / paying attention / to slip
- denies
- crowd / overflows
- path
- overflows
- becomes red hot
- fragments / shoves / riot / I get a hold of / I sweat / ground
- cruets
- grab my calf
- across my skin
- pulls
- lets go of me

25 di botto° contro mio padre, e rido, ma nei suoi occhi c'è un'ombra, appena   suddenly
l'increspatura di un pensiero°, forse perché la mamma non voleva che ci por-   the hint of a worry
tasse vedere la manifestazione.

    Piano piano ci aiuta a scendere dal tetto, e in qualche modo raggiun-
giamo il marciapiede. Poi, circondati dalla muraglia della folla, il viso schiac-
30 ciato contro° una maglietta o una camicia a quadri davanti a noi, ci lasciamo   pressed against
trasportare verso il Champ de Mars.

    Non riconosco più lo spiazzo dove io e Clara giochiamo ogni giorno,
non lo ritrovo: il parco è tutto una cosa viva, un corpo dall'inaudito respiro°,   breath
che spinge° verso un palco sistemato al centro, dove qualcuno sta parlando —   pushes
35 spinge, con le sue innumerevoli orecchie tese°, in ascolto di quella voce di   all ears
donna che risuona all'altoparlante°.   loudspeaker

    Sono pigiata° lì in mezzo, percorsa da brividi° ogniqualvolta quel corpo,   crushed / shivering
cui io pure appartengo, risponde alla voce con un grido da ciclope, o con un
applauso, ma non riesco a vedere, non vedo nulla, nemmeno la donna sul
40 palco che desidero tanto vedere.

    Chiedo a mio padre di farmi salire sulle spalle°. E da lassù° la vedo   shoulders / from up
bene: è vestita come la mamma, gonna a metà polpaccio, golfino abbottonato   there
davanti e una collana che sembra un filo di perle.

    «Chi è, papà, la donna che parla?»
45   «Simone de Beauvoir, una scrittrice, una filosofa.»

    «E che cosa sta dicendo?" incalzo°, perché non capisco nulla delle sue   insist/press
parole e, a dire il vero, di tutta la situazione.

    «Adesso è troppo lungo; te lo spiego poi a casa» mi zittisce° lui.   shuts me up

    Allora, a casa, torno alla carica°.   return to the attack

50   «Diceva a tutti quei ragazzi che protestano per un mondo più libero e
giusto, che protestare va bene ma che ognuno deve prendersi la responsabilità
della propria vita, prendere in mano la propria vita ed essere fino in fondo° se   through to the end
stesso.»

    «Tu le hai fatte queste cose?» gli chiedo, nella speranza che un esempio
55 concreto mi chiarisca le idee.

    «Be', non so, sì, forse sì... Certo, in nessun momento, mai, ho sentito
che stavo vivendo la vita di qualcun altro» risponde mio padre con una voce   throwing me / dark-
vaga, assorta, gettandomi° nel buio° più fitto.   ness

IN CLASSE

 ## A. PRIME IMPRESSIONI

Rispondi con frasi complete!

1. Dove stanno camminando la protagonista, il padre e la sorellina Clara?
2. Cosa sta succedendo quel giorno a Parigi?
3. Come viene descritta la gente in piazza?
4. Perché tutti vanno verso il Champ de Mars (una grande piazza)?
5. Che cosa dice Simone de Beauvoir?
6. Il padre riesce a spiegare alla figlia il significato delle parole della scrittrice?

 ## B. SOLO PAROLE

Le parole della colonna *A* sono prese dal testo. Cerca un sinonimo o un'associazione logica nella colonna *B*. Lavora con un compagno/una compagna.

A   **B**

Nomi

1. sentiero   _____ gigante
2. rissa   _____ gioiello
3. ampolla   _____ piccola strada
4. muraglia   __2__ discussione violenta
5. altoparlante   _____ muro lungo e alto
6. ciclope   _____ amplificatore della voce
7. collana   _____ piccolo vaso

Aggettivi

1. scivoloso
2. infuriato
3. grave
4. inaudito
5. assorto
6. fitto

_____ mai sentito/straordinario

_____ pensieroso

_____ denso

_____ molto arrabbiato

_3_ brutto

_____ su cui è facile cadere

Verbi

1. arrampicarsi
2. badare
3. traboccare
4. arroventarsi
5. pigiare

_3_ straripare

_____ schiacciare

_____ diventare molto caldo

_____ fare attenzione

_____ salire con fatica

C. LA SUPERFICIE DEL TESTO

Se non ricordi il racconto rileggilo e poi, con l'aiuto di un compagno/una compagna, completa le frasi con queste parole prese dal testo: **responsabilità, frantumi, irreparabile, trabocca, cofani, ciclope, sangue.**

1. Il padre e le figlie camminano sui _____ e sui tetti delle macchine.

2. La folla _____ sulle strade.

3. Si sentono vetri che volano in _____.

4. Gli occhi dell'automobilista sono pieni di _____.

5. La bambina è con il padre e pensa che niente di _____ possa accadere.

6. Il parco sembra il corpo di un _____.

7. Simone de Beauvoir dice che ognuno deve prendersi la _____ della propria vita.

D. TRA LE RIGHE

Il linguaggio di Linda Ferri crea immagini forti usando le parole in modo diverso dal solito. Eccone alcuni esempi. Scegli l'interpretazione corretta lavorando con un compagno/una compagna. Confronta poi con la classe.

1. «Io mi aggrappo alla mano di papà — la mia boa nel mare in tempesta»
   a. La mano del padre è l'unico punto fermo in quella situazione pericolosa come un mare in tempesta.
   b. La mano del padre non è sufficiente nel mare in tempesta.

2. «Ha gli occhi come ampolle di sangue giusto all'altezza dei miei piedi...»
   a. L'automobilista guarda i piedi della bambina sul tetto della macchina con occhi ridenti.
   b. L'automobilista guarda i piedi della bambina sul tetto della sua macchina con gli occhi pieni di sangue per la rabbia.

3. «..ho una paura nuova, sconosciuta, stranamente piacevole, una corrente che mi corre leggera sul filo della pelle...»
   a. La bambina è terrorizzata, la sua paura è come una corrente violenta.
   b. La bambina è eccitata dalla situazione strana ma non ha veramente paura perché si sente protetta dal padre.

4. «Il parco è tutta una cosa viva, un corpo dall'inaudito respiro...»
   a. Il parco (pieno di gente), sembra vivo, come un corpo che respira stranamente.
   b. Gli alberi sono vivi anche se non senti il loro respiro.

E. DUE MINUTI DI GRAMMATICA

Qual è la differenza tra «conoscere» e «sapere»? Completa con la forma corretta scegliendo tra i due verbi.

La protagonista del racconto è a Parigi in un momento particolare, in una situazione che

non _____, ma non ha paura perché _____ che il padre la protegge. La

bambina non _____ Simone de Beauvoir e non _____ di che cosa

parli, perciò chiede spiegazioni al padre. (Lei) vuole _____ che cosa ha detto la

scrittrice ma il padre non _____ darle una risposta soddisfacente.

A CASA

 ## A. Secondo me...

In preparazione alla discussione di domani rifletti su questi temi:

1. Come viene rappresentato il padre dalla narratrice-protagonista.
2. Se e perché è importante per la bambina partecipare alla manifestazione.
3. Che impressione ci dà la scrittrice di quello che succedeva quel giorno a Parigi.
4. Come interpretare il finale del racconto.

 ## B. Con la penna in mano

Ricordi un evento sociale a cui hai partecipato da bambino con i tuoi genitori? Descrivi la situazione, come ti sentivi, come vedevi tuo padre o tua madre nel loro ruolo di intermediari tra te e il mondo.

ESEMPIO: Non ricordo un evento specifico ma ricordo il rito domenicale di andare a messa con mio padre e poi al caffé Venezia nella via principale della città. Mio padre parlava con i suoi amici e io mi sentivo importante di essere lì con lui, ma anche imbarazzata perché spesso non capivo i loro scherzi e non sapevo rispondere...

IL GIORNO DOPO: SCAMBIO DI IDEE

 ## A. Confrontate

Dividete la classe in piccoli gruppi e leggete insieme le risposte alle domande che avete completato a casa. Avete dato risposte simili o diverse? Un rappresentante di ogni gruppo riferirà poi i risultati al resto della classe.

 ## B. Parlate voi!

Raccontate in classe quello che avete scritto nel tema. Poi sollecitate le impressioni dei compagni con alcune domande preparate da voi.

TERZA SEZIONE: AL CINEMA

Il regista

Alla fine degli anni settanta con la definizione «nuovo cinema italiano» viene indicato un gruppo consistente di giovani registi che si è affermato° sulla scena cinematografica dopo il 1968: Pupi Avati, Nanni Moretti, Maurizio Nichetti, Carlo Verdone, Massimo Troisi, Giovanna Gagliardo, Gianni Amelio... Secondo il critico Gian Piero Brunetta questi registi hanno in comune «uno sguardo° che vuole stabilire rapporti tra interiorità e realtà sociale, tra conflitti psicologici e conflitti politici, tra instabilità sentimentale e instabilità ideologica.» (Brunetta, *Cent'anni di cinema italiano*).

Gianni Amelio si fa notare fin dall'inizio della sua carriera per la precisione e la delicatezza con cui racconta situazioni e rapporti difficili. Tra i suoi film *Colpire al cuore*, sul rapporto tra un padre e il figlio negli anni del terrorismo, *I ragazzi di via Panisperna* e *Porte Aperte* che gli hanno portato i primi riconoscimenti internazionali. Ma i suoi capolavori sono i film dei primi anni novanta *Il ladro di bambini* (1992) e *Lamerica* (1994), due film che, secondo gli storici del cinema, indicano a tutto il nuovo cinema italiano una strada da percorrere°.

Rosetta e Luciano in Il Ladro di bambini *di Gianni Amelio.*

si è affermato ... established itself / *sguardo* ... gaze/way of looking at / *una strada da percorrere* ... a path to follow

«I due film di Amelio raccontano di un viaggio di iniziazione e conoscenza, di contaminazione e purificazione, di metamorfosi...» (Brunetta). Il protagonista di *Lamerica* viaggia nell'Albania di oggi, povera e distrutta come l'Italia di un altro secolo. Il piccolo affarista° italiano che ha dimenticato il proprio passato e va in Albania per sfruttare la sua miseria, si trova a ripercorrere la strada degli italiani che emigravano in America per sfuggire° alla fame. «*Lamerica* — ha dichiarato Amelio in un'intervista — è una specie di *Cuore di tenebra* (*Heart of darkness*), al termine del quale se c'è un messaggio è proprio questo: noi italiani dovremmo azzerarci° per poter cominciare daccapo. È quando questo italiano tocca il fondo°, nel senso fisico e morale, che può ricominciare. Come se si fosse rigenerato.»

Nell'Italia della corruzione e dell'egoismo dei ricchi, *Lamerica* è un invito alla solidarietà, alla comunicazione, e alla riflessione su quello che eravamo.

Il film: Il ladro di bambini

Nella prime scene del film assistiamo ad una situazione squallida e tragica: Rosetta, una bambina di undici anni, è spinta dalla madre a prostituirsi ad un uomo di mezza età che paga la madre, mentre, sulle scale di casa, il fratellino Luciano di nove anni aspetta, probabilmente consapevole° di quello che sta succedendo. Poi la polizia, avvertita° da qualcuno, interviene: la mamma finisce in prigione e i due bambini vengono mandati a Napoli, in un istituto religioso che dovrebbe ospitarli.

Un giovane carabiniere°, Antonio, deve accompagnare i bambini nel loro viaggio da Milano a Napoli e poi in Sicilia. Questo viaggio è per tutti un itinerario di scoperta°: per il carabiniere, che diventa il «padre» che i bambini non hanno mai avuto, e per i bambini, che scoprono l'affetto che non hanno ricevuto dai loro veri genitori e imparano ad amarsi e a proteggersi tra di loro.

La realtà è crudele, anche in una società ricca e «civile», per due bambini che non hanno famiglia, ma se la famiglia biologica è distrutta (come spesso è nel nostro mondo), dobbiamo rimediare con la solidarietà sociale. Anche un estraneo° può diventare «famiglia» se ha la volontà e la sensibilità per farlo.

 AL QUESTIONARIO!

Con un compagno/una compagna rileggi velocemente l'introduzione sul regista e sul film, poi rispondi con le tue parole.

1. Che cosa indica la definizione «nuovo cinema italiano»?

2. Che cosa racconta il film di Gianni Amelio *Lamerica*?

affarista ... businessman / *sfuggire* ... escape / *azzerarci* ... go back to zero / *il fondo* ... bottom / *consapevole* ... aware / *avvertita* ... warned/called / *carabiniere* ... Italian gendarme / *scoperta* ... discovery / *estraneo* ... stranger

3. Qual è secondo Amelio il messaggio di questo film?

4. Quale situazione viene rappresentata nelle prime scene di *Il ladro di bambini*?

5. In che senso il viaggio del carabiniere Antonio e dei due bambini diventa un itinerario di scoperta?

 # TUTTI NE PARLANO

Molti film famosi hanno come argomento i bambini. Qual è secondo voi, tra i vecchi e i nuovi, il film migliore e perché? Lavorando in gruppo fate un elenco in ordine di merito e poi confrontate con il resto della classe.

IN CLASSE

Prima guardate tutto il film *Il ladro di bambini*, poi concentratevi sulla scena in cui Antonio (il carabiniere) e Rosetta (la bambina) parlano sulla terrazza di un hotel. Questo dialogo è verso la fine del film (e del loro viaggio) quando Antonio e i due bambini sono appena arrivati in Sicilia dopo aver attraversato lo Stretto di Messina con il traghetto (*ferry-boat*). È notte: Rosetta non riesce a dormire, pensa al suo tragico passato, all'uomo che abusava di lei, a sua madre, al suo futuro incerto, alla sua voglia di libertà. Tutto questo è reso nel dialogo con grande semplicità; è un dolore di poche parole che è per questo ancora più drammatico. Antonio incomincia a sentire pena, compassione per la bambina, vorrebbe aiutare...

Se non avete il film a disposizione saltate *A*, passate direttamente a *B* e rispondete solo alle domande in *C*.

 # A. PRIMA VISIONE

Guardate la scena del film (se ci sono sottotitoli, copriteli). Poi, con l'aiuto di un compagno/una compagna, riassumete in due o tre frasi quello che succede nella scena.

 # B. IL COPIONE

Ecco il testo della scena del film. Leggilo e poi passa subito *Alla moviola*.

(Sicilia: è notte. Antonio e Rosetta sono sulla terrazza di un hotel. Il loro lungo viaggio da Milano è quasi finito.)

ANTONIO: Perché non vai a dormire che stai° stanca?   sei

ROSETTA: Non ti preoccupare. Non scappo°... Quelli dell'Istituto lo sanno?   run away

5   ANTONIO: Che cosa?

ROSETTA: Non l'hanno visto il giornale?

ANTONIO: No, no, magari no.

ROSETTA: Mio fratello l'ha visto?

ANTONIO: E come? L'ho strappato°.   torn

10   ROSETTA: (*dopo una lunga pausa*) Adesso dove sta quello (*l'uomo che
            l'abusava*)? In carcere°?   jail

ANTONIO: Certo che sta in carcere... Chi era? Un amico di tua madre?

ROSETTA: (*dice di sì con la testa*) Diceva sempre che ero sporca°. Ma non è   dirty
            vero. Io mi lavo sempre... Mi voleva lavare lui... un'altra volta... per

15   forza.

ANTONIO: Basta. Non ti preoccupare più. Non lo vedi più quello, sta sicura.

ROSETTA: E la mamma? Che gli° fanno?   le

ANTONIO: Per intanto c'è il processo°, poi si vede... Magari le danno poco.   trial
            Oppure la rilasciano.

20   ROSETTA: Io mi sogno° sempre che muore°. (*pausa*) Perché non mi fai scap-   dream / dies
            pare?

ANTONIO: Ma che dici?

ROSETTA: Tu fai finta° che dormi e io me ne vado.   pretend

ANTONIO: Dove vai?

25   ROSETTA: Che ne so? In qualche posto. Meglio che sto sola.

ANTONIO: Pure questo ci manca°. E poi io che faccio?   this is the last thing I
                                                                           need

ROSETTA: Tu sei un carabiniere. A te non ti fanno niente.

ANTONIO: Riposati dai, va a dormire che è meglio. Domattina partiamo
            presto.

(*Rosetta si alza e va verso la sua camera. Antonio resta sulla terrazza.*)

 C. ALLA MOVIOLA

Avevate capito tutto prima di leggere il copione del film? Fate una prova: rileggete il riassunto che avete
fatto in classe. Rispecchia il senso generale della scena? Se no, provate a rispondere a queste domande e
poi confrontate con il resto della classe.

1. Perché non dorme Rosetta? A cosa pensa? A chi pensa?

2. Che violenza ha subito Rosetta?

3. Dove vuole andare Rosetta? Perché?

4. Come reagisce Antonio quando Rosetta gli dice che vuole scappare?

Solidaretà del carabiniere Antonio. Gianni Amelio, Il ladro di bambini.

 D. TRA LE RIGHE

Ripensa alla scena del film e interpreta queste frasi prese dal testo. Lavora con un compagno/una compagna.

1. Rosetta dice: «E la mamma? Che gli fanno?... Io mi sogno sempre che muore». Cosa ti dice questo sogno su come Rosetta si sente verso la madre?

2. Rosetta chiede ad Antonio: «E quelli dell'Istituto lo sanno?... Non l'hanno visto il giornale?... Mio fratello l'ha visto?»
   Secondo te, cosa c'è su quel giornale? Perché Rosetta è preoccupata?

3. Il rapporto fra il carabiniere e i due bambini è diventato verso la fine del viaggio un rapporto di amicizia. In questa scena vediamo Antonio comportarsi quasi come un padre. È attento con le parole che usa, vuole rassicurare la bambina. Rileggi le battute di Antonio e trova le parole, le frasi, le espressioni che esprimono questi sentimenti.

 E. DUE MINUTI DI GRAMMATICA

Completa il paragrafo con il «passato prossimo» dei verbi in parentesi.

Il viaggio da Milano in Sicilia _____ (stare) molto lungo per i bambini. Il

fratello di Rosetta, Luciano, non _____ (dire) niente per tutto il viaggio; non _____ neanche _____ (rispondere) alle domande di Antonio. Arrivati in Calabria, il carabiniere _____ (decidere) di fermarsi per una notte a casa di sua sorella. Qui _____ (succedere) una cosa bella: i bambini _____ (ridere) per la prima volta, hanno mangiato, _____ (bere), hanno giocato, hanno anche posato per una fotografia di famiglia. Ma questo è durato poco. Una parente di Antonio _____ (scoprire) la vera identità della bambina: _____ (vedere) la sua fotografia su un giornale.

A CASA

 ## SECONDO ME...

Completate il seguente questionario. Domani incominciate la *Tavola rotonda* confrontando le vostre risposte.

Antonio dice in una scena del film: «Cosa ne sapete voi, siete solo bambini.» I bambini sono impotenti di fronte alla violenza degli adulti. Il mercato del sesso dei piccoli è una cosa oscena e abominevole. Chi sono i responsabili e cosa si deve fare per rieducare chi maltratta e sodomizza i bambini, in alcuni casi, i propri figli? Basandoti sulle informazioni che hai ricevuto dalla televisione, dai giornali, dalla cronaca, quali sono le cause di questo comportamento (*behavior*) contro i bambini, quali le soluzioni, quale la prevenzione? Preparati a spiegare le tue scelte.

	sì	no	forse
Possibili cause:			
1. la violenza e la perversione nei mass media e su Internet	____	____	____
2. un ambiente sociale privo di (*lacking*) valori morali	____	____	____
3. la mancanza (*lack*) di aiuti sociali	____	____	____
4. altro	____	____	____
Possibili soluzioni:			
1. la prigione	____	____	____
2. un centro di rieducazione	____	____	____
3. la consulenza familiare	____	____	____
4. altro	____	____	____

	sì	no	forse

Alternative per la prevenzione:

1. assistenza economica da parte del governo   _____   _____   _____

2. solidarietà sociale   _____   _____   _____

3. controllo dei mass media   _____   _____   _____

4. altro   _____   _____   _____

IL GIORNO DOPO: TIRIAMO LE FILA

 ## A. TAVOLA ROTONDA

Mettetevi in cerchio e assegnate i ruoli: qualcuno fa il moderatore, altri sono giornalisti, critici cinematografici, assistenti sociali... Prendete posizione: alcuni sono più conservatori, altri più liberali. Il moderatore apre il dibattito con domande come queste:

1. Quale dovrebbe essere il ruolo di queste istituzioni nella vita del bambino?
   Spiegate.
   a. la famiglia
   b. la scuola
   c. la chiesa
   d. lo stato
2. Cosa rappresentano i genitori per un bambino? Come cambia il ruolo dei genitori per un adolescente? Illustrate con esempi.

 ## B. L'INTERVISTA

Intervistate un compagno/una compagna per conoscere le sue impressioni sulle tre sezioni del capitolo. Poi riportate alla classe i risultati della vostra intervista.

1. Quale personaggio ti ha fatto più pensare? La bambina del racconto? Rosetta e suo fratello Luciano nel film? Il carabiniere Antonio?

2. Immagina un dialogo fra la bambina del racconto e Rosetta. Come si racconterebbero le loro esperienze? Come si aiuterebbero?

3. Se tu dovessi raccontare la storia di un bambino quale mezzo sceglieresti? Un racconto? Un'intervista? Un film? Una poesia? Una rappresentazione teatrale? Un musical? Spiega.

4. Delle tre situazioni rappresentate nel racconto, nell'articolo, nel film, con quale ti sei identificato (*related to*) di più? In che senso?

 ## C. CON LA PENNA IN MANO

Scrivi una lettera all'Unicef (United Nations International Children's Emergency Fund) in cui inviti i rappresentanti a dare più aiuti ai bambini nel mondo. Quali problemi sottolinci (*underline*)? Quali paesi scegli?

ESEMPIO: Si pensa sempre che i bambini che hanno bisogno di aiuto siano solo nei paesi in via di sviluppo (*developing*). Quasi ogni grande città negli Stati Uniti d'America ha quartieri in cui i bambini hanno bisogno di tutto. Non voglio dire che dobbiamo essere egoisti e non pensare ai paesi più poveri di noi, ma questa non deve essere una scusa per ignorare i bambini del nostro paese...

Capitolo 3

Tecnologia e mass media

Parole in Liberta, *Carrà*.

In un suo recente saggio° intitolato «Sulla stampa»°, Umberto Eco faceva il punto sulla situazione del «quarto potere»°, delineando un quadro piuttosto scoraggiante dello stato dell'informazione in Italia.

Secondo Eco, i temi che negli anni sessanta e settanta erano al centro della discussione sulla «natura e funzione della stampa», sono ormai «obsoleti». Si polemizzava allora sull'obiettività dei giornali, sulla stampa come strumento di potere politico ed economico, sul linguaggio in codice degli specialisti della politica, incomprensibile a buona parte dei cittadini. Già allora c'era chi sosteneva° «che (al di fuori del bollettino delle precipitazioni atmosferiche°) non esiste mai notizia veramente obiettiva. Anche separando accuratamente commento e notizia, la stessa scelta della notizia e la sua impaginazione costituiscono elementi di giudizio implicito.» («Sulla stampa» in *Cinque scritti morali*).

Ora non si discute più sulla pretesa° obiettività del giornalista e, per quanto riguarda il linguaggio, qualcosa è cambiato nel modo di esprimersi dei politici e, di conseguenza, anche in quello dei giornali. Il linguaggio è meno «criptico» ma, come risulta da uno studio degli studenti dell'Università di Bologna, c'è una vera invasione di luoghi comuni e di «frasi fatte»°. Per adeguarsi a quello che si pensa sia il linguaggio della gente si finisce per banalizzare.

Oggi, secondo l'analisi di Eco, i problemi della stampa sono altri. Innanzitutto la concorrenza° della tv che ha portato ad una deformazione del ruolo tradizionale del quotidiano°: le notizie arrivano prima dal telegiornale, e il quotidiano, per sopravvivere, diventa sempre più simile ad un settimanale, dando più spazio a pettegolezzi° e spettacolo, ingigantendo° fatti e notizie per sollecitare la curiosità del pubblico.

Diverse volte, nel corso degli ultimi anni, quando avvenimenti drammatici hanno morbosamente catturato l'attenzione costante dei quotidiani, si è aperto il dibattito su che cosa distingua oggi la stampa «seria» dalla stampa scandalistica. Chi è responsabile della caccia spietata allo scoop, alla notizia o alla foto sensazionale? Giornalisti e fotografi? I proprietari dei giornali che promettono cifre° incredibili per una foto proibita? O il pubblico, sempre assetato di° miti in cui identificarsi o di tragedie su cui piangere? Si è parlato di etica del giornalismo, della necessità di porre limiti alla degradazione della notizia in spettacolo.

La tecnologia ha aperto nuovi spazi all'informazione e ha creato nuovi problemi. Una recente inchiesta pubblicata sull' *Espresso*, mette in guardia° contro i rischi dell'eccesso di informazione: aumenta lo stress, satura la memoria delle persone, provoca disordini dell'attenzione...

Eco si domanda quale sarà il futuro della carta stampata: «Io ritengo che la stampa, nel senso tradizionale del quotidiano e del settimanale fatto di carta, che si acquista volontariamente all'edicola°, abbia ancora una funzione fondamentale, e non solo per la crescita° civile di un paese, ma anche per la nostra soddisfazione e il piacere di essere abituati, da alcuni secoli, a considerare con Hegel la lettura dei quotidiani come la preghiera del mattino dell'uomo moderno.» Ma, per uscire dalla crisi in cui oggi si trova, la stampa italiana deve imparare a guardare più lontano, oltre° gli scandali e i pettegolezzi

---

saggio ... **essay** / *stampa* ... **press** / *quarto potere* ... *lit:* **fourth power (press)** / *sosteneva* ... **claimed** / *bollettino delle precipitazioni atmosferiche* ... **weather report** / *pretesa* ... **supposed** / *frasi fatte* ... **clichés** / *concorrenza* ... **competition** / *quotidiano* ... **daily paper** / *pettegolezzi* ... **gossips** / *ingigantendo* ... **blowing out of proportion** / *cifre* ... **figures** / *assetato di* ... **thirsty for** / *mette in guardia contro* ... **warns about** / *edicola* ... **newsstand** / *crescita* ... **growth** / *oltre* ... **beyond**

della politica e della cronaca. «... ci sono miliardi di persone di cui a noi deve importare, e di cui la stampa deve parlare di più... Questo è un invito, sia per la stampa che per il mondo politico, a guardare di più al mondo, e meno allo specchio.» (Umberto Eco, «Sulla stampa»).

In questo capitolo leggerete prima alcuni brani del lungo «dossier» pubblicato dall'*Espresso* sui rischi del computer. Poi un breve racconto satirico di Stefano Benni sugli effetti della televisione e della pubblicità. Infine vi presenteremo un film di Maurizio Nichetti *Ladri di saponette*, commedia satirica sul mondo dei media.

 ## AL QUESTIONARIO!

Se non ricordi leggi ancora una volta l'introduzione e poi rispondi con frasi complete.

1. Quali temi erano in discussione negli anni sessanta e settanta sulla questione «stampa»?
2. Secondo Eco quali sono oggi i problemi del giornalismo?
3. La concorrenza della televisione ha cambiato il ruolo del quotidiano? In che senso?
4. Secondo Eco i giornali hanno ancora una funzione? Quale?
5. Come può la stampa italiana uscire dalla crisi in cui si trova?

 ## TUTTI NE PARLANO

Lavorando in piccoli gruppi fate un elenco dei giornali e delle riviste che leggete. Sono giornali «seri» o giornali «scandalistici»? Sono riviste specializzate? Quali sono i punti forti e i punti deboli di questi giornali? Fate poi una breve conversazione sulla questione «etica del giornalismo». Bisogna ottenere lo scoop ad ogni costo o ci devono essere regole morali? Chi è responsabile della caccia alla notizia o alla foto sensazionale? Confrontate poi con il resto della classe.

PRIMA SEZIONE: NEI GIORNALI E NELLE RIVISTE

Cosa significa esattamente vivere nell'era informatica? Il filosofo francese Paul Virilio sostiene che «la telematica è la seconda bomba del XX secolo, dopo l'atomica». Ma che tipo di bomba? In questo articolo, pubblicato sulla rivista *L'Espresso*, Enrico Pedemonte ci illumina sugli effetti delle nuove tecnologie legate al computer. Per ragioni di spazio, dei dieci punti trattati dal giornalista, ne abbiamo riportati solo quattro, sufficienti però ad illustrare il problema.

Come salvarsi dal computer

Dai danni° alla vista all'eccesso di carta e di notizie. Dalle lesioni ai nervi del braccio alla marea° di posta elettronica. Dalla dipendenza psicologica alla fine della privacy... In 10 capitoli, il rovescio della medaglia° dell'era informatica. Con un decalogo per mantenersi sani

di Enrico Pedemonte

    Il principe Carlo dice che le nuove tecnologie, diffondendo° l'etica della realtà virtuale, distruggono i valori spirituali della tradizione e minacciano° di «uccidere l'anima dell'umanità». Non è l'unico a seminare pessimismo. Jeremy Rifkin, ecologo catastrofista americano, sostiene° da tempo che grazie
5 ai computer i paesi ricchi saranno presto popolati da decine di milioni di senza lavoro. Il filosofo francese Paul Virilio assicura che la telematica° è la seconda bomba del XX secolo, dopo l'atomica. Secondo lui l'interattività sta° all'informazione come la radioattività sta all'energia dell'atomo: un'improvvisa° esplosione disintegrerà la società attraverso la disoccupa-
10 zione, il telelavoro e la radicale ridistribuzione dell'attività economica.

    Il computer ammalia° e semina° terrore, come una sirena. Gli storici notano che si tratta di una reazione del tutto ovvia: la paura del cambiamento ha sempre accompagnato le rivoluzioni tecnologiche.

    Oggi le paure collettive non sono meno diffuse. I messaggi negativi si
15 moltiplicano: il computer distrugge la nostra privacy, rende autistici i bambini, offre spettacoli porno ai giovani inducendoli all'onanismo, consente° ai ladri° informatici di introdursi nelle banche. Non solo: i computer ci fanno diventare nevrotici con la loro rapidità, ci americanizzano con la loro cultura, ci sommergono di informazioni inutili facendoci diventare schiavi° di bisogni
20 inesistenti. Si può andare avanti: il computer, addirittura, fa male alla nostra salute, chi sta davanti allo schermo° troppe ore al giorno, alla sera vede scintille° roteare dentro le pupille, avverte sindromi dolorose al polso°, spalle doloranti, schiena spezzata... Il repertorio delle fobie tecnologiche di fine millennio è articolato. Sono tutte esagerazioni o c'è qualcosa di vero? Vediamo.

Glosse: damages · stream · the other side of the coin · spreading · threaten · claims · telematics · is to . . . what · sudden · charms / sows/scatters · allows · thieves · slaves · screen · sparks / wrist

Obesità informativa

25   Già Platone aveva intuito il problema: con la scrittura — diceva — tutti
i cretini potranno dire la loro. Non aveva tutti i torti. Da allora gli scritti hanno
cominciato a moltiplicarsi e non sempre ne è valsa la pena. Il filosofo greco
aveva capito i rischi dell'eccesso di informazione che oggi ci opprime.
L'informazione è come il cibo: per migliaia di anni c'è stata carenza°,   lack
30 poi, improvvisamente, una parte dell'umanità ha cominciato a mangiare
troppo e deve mettersi a dieta.

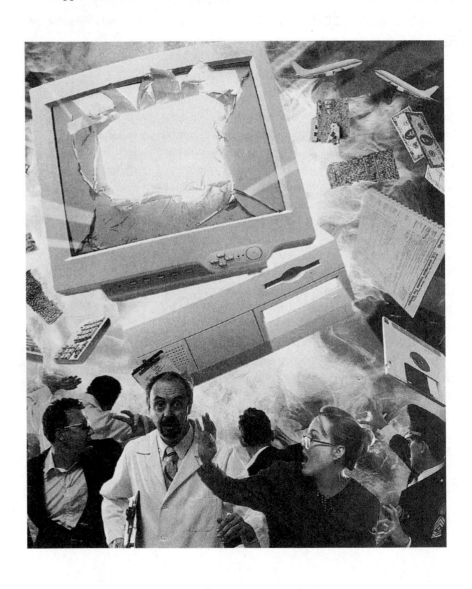

Uno studioso americano, David Shenk, ha scritto un libro («Data Smog: Surviving the Information Glut», letteralmente: «Nebbia di dati: sopravvivere all'eccesso di informazioni») sostenendo che la gente negli uffici passa ormai
35 il 60 per cento del tempo a manipolare documenti. L'eccesso di notizie° fa male alla salute, aumenta lo stress, satura la memoria delle persone, stimola comportamenti compulsivi e provoca disordini dell'attenzione.

information

I teorici di Internet dicono che l'obiettivo è offrire a chiunque, 24 ore su 24, l'accesso a tutta l'informazione del mondo. Ma è difficile mante-
40 nersi snelli° se si vedono passare davanti agli occhi manicaretti di ogni tipo: dati, statistiche, grafici, articoli, rapporti, racconti, immagini... L'istinto spinge° a copiare, stampare°, accumulare documenti sul tavolo, ingolfare° l'hard disk: così ci si ammala di obesità informativa, una malattia sempre più diffusa.

slender

encourages / to print / to flood

45 Secondo Shenk la ridondanza dei dati amplificata dal computer è ormai un acuto problema sociale: troppi stimoli riducono la nostra capacità di percezione dei particolari e delle sfumature°; tutto ciò che non eleva la sua voce al di sopra del coro, magari strillando con grossolanità, non viene avvertito. Shenk lo chiama «effetto Madonna» (richiamandosi agli eccessi della
50 pop star): «È il meccanismo che obbliga° chiunque faccia informazione ad aumentare continuamente il tono portando una seria minaccia alla moderazione e all'intelligenze della società». Commentando questa situazione il mass mediologo americano Roger Rosenblatt avverte: «Ricordiamoci che l'informazione non è né conoscenza, né tanto meno saggezza»°

nuances

forces

wisdom

Frammentazione sociale

55 Se vostro figlio passa le serate collegato a Internet partecipando a un gioco di ruolo e fingendosi° Ivanoe, invece di stare con voi davanti alla tv a guardare Pippo Chennedy Show, lo giudicate un tradimento°. Il collante° culturale (le battute dei fratelli Guzzanti) che fino a ieri unificava la famiglia non c'è più: di che cosa si parlerà a tavola?

pretending to be
betrayal / glue

60 Eppure lo scenario che si sta realizzando sotto i nostri occhi è stato a lungo teorizzato: la società elettronica avrebbe portato alla fine dei mass media e all'emergere di strumenti sempre più personalizzati. Così negli ultimi anni si sono moltiplicati gli «agenti elettronici», software che consentono di personalizzare l'informazione di chi legge il giornale sul computer. Ma i
65 rischi di questo processo stanno emergendo. Negli Stati Uniti, dove la lettura dei quotidiani cartacei° e della tv è in continuo calo° e dove il consumo dei nuovi media elettronici si va espandendo soprattutto tra i giovani, molti studiosi temono° l'estendersi della frammentazione sociale.

newspapers / decline

fear

Lo schermo come droga

70 Una domanda circola nelle famiglie: a che punto stare davanti al computer per diletto°, o navigare su Internet diventa una malattia mentale? Il 14 agosto di quest'anno, al suo meeting annuale svolto a Chicago, l'associazione degli psicologi americani ha ufficialmente riconosciuto una nuova sindrome battezzata «uso patologico di Internet». Kinmerly Young, psicologo dell'università di Pittsburgh, ha detto che l'uso delle reti telema-

75 tiche può creare assuefazione° «esattamente come le droghe, il cibo, i video game e il gioco d'azzardo». Secondo gli standard messi a punto dall'associazione americana, per essere considerati drogati da Internet è necessario passare online almeno 38 ore alla settimana, che equivale in pratica all'orario pieno di un lavoratore metalmeccanico, e al doppio di

80 quello di un insegnante.

Quanti sono i tossicodipendenti da Internet? Meno del dieci per cento dei navigatori, ha detto Young: quasi la metà dei quali sono disoccupati. Ad attirare è l'anonimato, la possibilità di fare cose che nella vita normale non si oserebbe fare, il senso di onnipotenza e di clandestinità di cui si gode.

Sdoppiamento° della personalità

85 Ma se stare 38 ore alla settimana davanti al computer rasenta la patologia, anche passarci qualche ora al giorno presenta problemi interessanti per la nostra psiche. Sherry Turkle, sociologa al Mit di Boston, suggerisce che davanti al computer, nel privato della propria stanza, molti riescono a crearsi personalità nuove che rompono spesso con i propri ruoli tradizionali. Chi si

90 immerge nella navigazione online non deve rendere conto° al 100 per cento delle proprie azioni. In questo mondo gli introversi diventano estroversi, molti osano° sperimentare rapporti, fare dichiarazioni, assumere ruoli assolutamente inusuali nella vita reale. Se non è necessario guardarsi negli occhi, i brutti possono fingersi belli, i balbuzienti chiacchierare senza intoppi, i pavidi

95 inventare gesta di coraggio.

Sherry Turkle parla senza mezzi termini della possibilità concreta di sviluppare° personalità multiple. Durante i giochi di ruolo come i Mud (Multi-Users Dungeon, nel corso dei quali ciascuno recita il ruolo di un personaggio con altri giocatori quasi sempre sconosciuti) può decidere di assumere il ruolo

100 di una carota parlante o di un pericoloso criminale, di Lady Diana o di Madre Teresa di Calcutta. C'è gente che non vede l'ora di terminare il lavoro per chiudersi nella sua stanza immergendosi in questa vita di sogno. Capita anche a persone con lavori e famiglie soddisfacenti.

enjoyment

habit

split

doesn't have to account for

dare

to develop

Studiando i comportamenti di chi partecipa ai giochi di ruolo su Inter-
105 net, Turkle arriva a questa conclusione: «Internet è un laboratorio sociale
dove si sperimenta la continua ricostruzione della nostra personalità che caratterizza la vita post-moderna». La teoria di Sherry Turkle può essere così rias-
sunta: il computer non è solo uno strumento di lavoro, ma un oggetto rivo-
luzionario che consente di accedere° a parti di noi stessi con cui non abbiamo   to access
110 mai osato fare i conti. Grazie a esso la gente riesce a parlare di cose fino a ieri
top secret: la grassezza e gli handicap, i fallimenti amorosi e gli insuccessi
scolastici. Tutto bene, finché si riesce a mantenere il controllo. Non tutti ci
riescono.

IN CLASSE

A. Prime impressioni

È chiaro «come salvarsi dal computer»? Rileggi il testo e poi rispondi a queste domande:

1. Il principe Carlo, l'ecologo Jeremy Rifkin, il filosofo Paul Virilio, quale visione hanno in comune?

2. Come viene spiegata dagli storici la paura di molti verso il computer?

3. Elenca alcuni degli effetti negativi del computer descritti da Pedemonte nella sua introduzione.

4. Cosa vuol dire «obesità informativa»?

5. In che senso il computer ha contribuito alla frammentazione sociale?

6. Cosa si intende per «uso patologico di Internet»?

7. In che modo l'uso di Internet influisce sulla nostra personalità?

B. Solo parole

I nomi, gli aggettivi e i verbi della colonna *A* sono presi dal testo. Associali con parole e definizioni della colonna *B*. Incomincia con la parole che conosci e poi vai per esclusione. Lavora con un compagno/una compagna.

A	B
Nomi	
1. informatica	_____ contrario di lentezza
2. rapidità	___1___ elaborazione delle informazioni tramite computer
3. sindrome	_____ chi viaggia su Internet
4. navigatore	_____ malattia
5. anonimato	_____ chiuso in se stesso
6. introverso	_____ impersonalità
Aggettivi	
1. virtuale	___2___ sparso
2. diffuso	_____ apparente
3. personalizzato	_____ fatto su misura
4. collettivo	_____ di tutta una comunità
Verbi	
1. distruggere	___4___ riempire
2. minacciare	_____ demolire
3. provocare	_____ entrare
4. saturare	_____ mettere in pericolo
5. accedere	_____ causare

C. LA SUPERFICIE DEL TESTO

Completate le frasi mettendo queste parole nel giusto contesto: **eccesso, manipolare, esagerazioni, comportamenti, accumulare, di ruolo**.

1. I giochi _____ al computer, sia per i bambini che per gli adulti, diventano sempre più popolari.

2. L'_____ di informazioni può provocare _____ nevrotici e compulsivi.

3. _____ troppi dati e statistiche può rivelarsi un esercizio inutile.

4. Per alcuni le paure associate con le nuove tecnologie sono delle _____.

5. Molta gente passa metà del proprio tempo negli uffici a _____ documenti.

D. TRA LE RIGHE

Interpreta queste frasi prese dall'articolo. Lavora con un compagno/una compagna.

1. «L'informazione è come il cibo: per migliaia di anni c'è stata carenza; poi, improvvisamente, una parte dell'umanità ha cominciato a mangiare troppo e deve mettersi a dieta.»
   a. Attenzione agli eccessi: bisogna trovare il giusto equilibrio.
   b. Quelli che hanno più informazioni di solito mangiano di più.

2. «Ma è difficile mantenersi snelli se si vedono passare davanti manicaretti di ogni tipo: dati, statistiche, grafici...»
   a. È difficile resistere alla tentazione di accumulare informazioni.
   b. È facile cucinare pasta mentre si analizzano dati, statistiche e grafici al computer.

3. «Troppi stimoli riducono la nostra capacità di percezione dei particolari e delle sfumature: tutto ciò che non eleva la sua voce al di sopra del coro, magari strillando con grossolanità, non viene avvertito (l'effetto Madonna)...»
   a. Chi strilla (*screams*) più forte canta meglio.
   b. Più accumuliamo informazioni, più diventa superficiale il modo in cui analizziamo i dati che riceviamo.

4. «Se non è necessario guardarsi negli occhi, i brutti possono fingersi belli, i balbuzienti chiacchierare senza intoppi, i pavidi inventare gesta di coraggio.»
   a. Soltanto i belli e i coraggiosi si guardano negli occhi.
   b. L'anonimato permette a tutti di inventarsi nuove personalità attraverso giochi di ruolo su Internet.

E. DUE MINUTI DI GRAMMATICA

Ricordate il «periodo ipotetico»? Completate con la forma corretta del «condizionale» o del «congiuntivo».

Stefania pensa:

Se avessi un computer, _____ (potere) scrivere il mio libro molto più in

fretta e fare tutte le correzioni che voglio, ogni volta che voglio. Se _____ (essere) collegata a Internet, viaggerei in luoghi lontani senza nemmeno alzarmi dalla

sedia, _____ (leggere) il giornale senza andare a comprarlo e _____

(fare) tutte le mie spese senza andare nei negozi. Se _____ (avere) la posta

elettronica, scriverei ai miei amici molto più spesso senza neanche andare a comprare il

francobollo. Ma allora, se avessi il computer, non _____ (parlare) più con

nessuno?

A CASA

A. SECONDO ME...

In preparazione alla discussione di domani, rifletti sulle seguenti affermazioni prese dall'articolo. Sei d'accordo o no? Perché?

1. «Internet è un laboratorio sociale dove si sperimenta la continua ricostruzione della nostra personalità che caratterizza la vita post-moderna.»

2. «Con la scrittura tutti i cretini potranno dire la loro.»

3. «L'uso delle reti telematiche può creare assuefazione esattamente come le droghe, il cibo, i video game e il gioco d'azzardo.»

4. «Le nuove tecnologie, diffondendo l'etica della realtà virtuale, distruggono i valori spirituali della tradizione e minacciano di uccidere l'anima dell'umanità.»

B. CON LA PENNA IN MANO

Il mass mediologo americano Roger Rosenblatt avverte (*warns*): «Ricordiamoci che l'informazione non è né conoscenza, né tanto meno saggezza.» Cosa ne pensi? Spiega.

ESEMPIO: C'è la tendenza a credere che memorizzare dati e informazioni sia la stessa cosa che accumulare saggezza e conoscenza. Per me conoscere significa...

IL GIORNO DOPO: SCAMBIO DI IDEE

 ## A. CONFRONTATE

Confrontate le vostre idee sulle riflessioni che avete fatto a casa.

 ## B. PARLATE VOI!

Dividete la classe in due gruppi: uno è pro computer, pro nuove tecnologie, pro società elettronica; l'altro è contro. Presentate punti convincenti e discutete. Aprite il dibattito facendo prima una relazione su quello che avete scritto nel vostro tema.

SECONDA SEZIONE: NELLA LETTERATURA

L'autore

Per il profilo dell'autore Stefano Benni, vedi il primo capitolo, sezione letteratura, di questo testo.

Il libro: *L'ultima lacrima*

La copertina° di questa raccolta di racconti, uscita nel 1994, ci mostra una tipica famiglia, madre, padre, due bambini, un cane e un gatto, illuminati dalla luce un po' surreale di uno schermo televisivo. I personaggi hanno gli occhi sbarrati° e il sorriso immobile, sono vestiti tutti nello stesso modo, come in divisa°, e il padre imbraccia un fucile°. C'è qualcosa di diabolico e allucinante in questo «ritratto di famiglia» ipnotizzata dalla televisione: una introduzione perfetta alle «visioni e invenzioni tragi-comiche» di Stefano Benni.

Tecnologia e mass media sono i protagonisti di alcune di queste «visioni», incubi° o sogni°. Nel racconto «Fratello Bancomat» è certamente un sogno un Bancomat intelligente che decide quali siano i clienti buoni da premiare° e quelli cattivi da punire. Il cliente buono, in difficoltà finanziarie

copertina ... cover / *sbarrati* ... wide open / *divisa* ... uniform / *fucile* ... rifle / *incubi* ... nightmares / *sogni* ... dreams / *premiare* ... to reward

I Narratori   Feltrinelli

STEFANO BENNI
L'ULTIMA LACRIMA

Ipnosi televisiva.

e tradito° dalla moglie, dopo una breve conversazione con il Bancomat parlante, riceve sedici milioni prelevati dal conto dell'amante della moglie: un'operazione decisa dal computer per fare un po' di giustizia!

Nel racconto «Un cattivo scolaro» gli studenti di una scuola media sono costretti a «studiare» la televisione e a rispondere a domande su programmi e «stelle» televisive: chi legge libri e non guarda la tv viene punito. In «Papà va in tv» la tragicommedia dello spettacolo raggiunge la sua punta massima° quando una famiglia si riunisce con amici per assistere alla ripresa in diretta° televisiva di un evento eccezionale: papà è finalmente in tv, condannato per omicidio alla sedia elettrica.

«La casa bella», il breve racconto che qui vi presentiamo, tratta della televisione e della macchina pubblicitaria: nella creazione di Stefano Benni due «mostri» capaci di deformare anche la realtà più perfetta.

tradito ... betrayed / *punta massima* ... climax / *ripresa in diretta* ... live broadcasting

AL QUESTIONARIO!

Se non ricordi i particolari rileggi e poi completa il questionario.

1. Che cosa rappresenta la copertina del libro *L'ultima lacrima*?
2. Di che cosa parla il racconto «Fratello Bancomat»?
3. Di che cosa tratta il racconto «Un cattivo scolaro»?
4. Che cosa succede nel racconto «Papà va in tv»?

TUTTI NE PARLANO

In piccoli gruppi parlate di quelli che, a vostro parere, sono i più importanti fatti di cronaca trattati dalla televisione negli ultimi anni. Come sono stati presentati al pubblico? Hanno ricevuto troppo spazio o non abbastanza? Sono stati esagerati o deformati dal mezzo televisivo? Come avreste preferito che fossero trattati? Prendete appunti (*take notes*) e poi confrontate con il resto della classe.

La casa bella
(Primo racconto del viaggiatore)

Vivevo nella valle più bella, e la mia era la casa più bella, tutta impellicciata° d'edera°, in mezzo al bosco di castagni° più bello del mondo. Avevamo il gallo° più bello della zona, sembrava un leone dipinto, e quando la mattina cantava spaccava° i sogni col martello.

5   Avevamo un pollaio° con galline niente affatto stupide che facevano le uova migliori della zona e mucche dagli occhi dolci come odalische, e maiali così grossi e rosei che veniva voglia di cavalcarli°. Tutto intorno avevamo vigne, alberi da frutto e un orto dove l'insalata brillava come smeraldo e le carote sbucavano dal suolo° spontaneamente, con una capriola°. Il forno dove

10   cuocevamo il pane spargeva un odore che metteva di buon umore tutta la valle e fermava i coltelli degli assassini, non c'erano piccoli o grandi delitti°, nella valle, finché durava quell'odore. E infine le nostre castagne erano bellissime, e quando i ricci° cadevano e rimbalzavano al suolo e ne uscivano i frutti, lucidi come perle, veniva voglia di dire all'albero: bravo!

lit: wrapped in fur /
    ivy / chestnut trees
rooster
would break
henhouse

ride them

ground / caper

crimes

husks

15   Anche i funghi erano sexy, gli scoiattoli° avevano code superbe, le   squirrels
talpe° scavavano tane° di geometrica precisione, gli alveari° delle nostre api   moles / burrows / beehives
erano cattedrali, il miele era squisito, e anche mio padre era bello, aveva una
faccia come la corteccia° del castagno, i baffi a coda di volpe° e mi picchiava   bark / fox
solo nei giorni festivi. Fumava una pipa bellissima, fatta da lui in puro pero
20   kaiser, riproducente un nudo della mamma, che era stata la donna più bella
della valle e aveva fatto una bellissima morte, era scivolata in granaio° ed era   loft
annegata° nelle mele rosse, in un mare di mele profumate.   drowned

    Vivevo come già detto nella valle più bella, e la mia era la casa più bella
e qui comincia il brutto. Perché passarono dei signori e vedendo quanto era
25   bella, dissero: questo è proprio il posto che cerchiamo, fecero fotografie, pre-
sero misure e dopo una settimana comprarono valle, terreno, casa, animali e
vegetali. Perché gli serviva per fare pubblicità a non so cosa, un'assicurazione
sulla vita° forse o biscotti o un candidato o acqua minerale, qualcosa che   life insurance
aveva bisogno di uno scenario come quello.
30   E misero macchine da ripresa° dappertutto, e vollero rendere tutto an-   video cameras
cora più bello. Pettinarono° il gallo, aggiunsero dei soli artificiali, misero dei   combed
campanacci d'argento° alle mucche e una scritta «forno» sul forno, come se   silver cowbells
non si capisse.

    E noi? Noi non eravamo abbastanza belli, infatti al nostro posto misero
35   degli attori. Mio papà lo faceva un attore abbronzato° con delle mani che non   tanned
dico non aveva mai provato a zappare°, ma neanche a lavarsele da solo. Mia   to hoe
mamma la faceva una ragazzona tutta curve, alla quale avevano detto di camminare sempre con un filo di paglia° in bocca e di chiamare le galline «vieni   straw thread
Nerina vieni Bianchina» che la galline scappavano come se fosse una faina°   stone-marten
40   travestita. Io invece, dissero, potevo andare bene, ero abbastanza bello, mi
misero solo degli zoccoli° che dio bono, avete mai provato ad andare sui   clogs
sassi° con gli zoccoli, ma i signori dissero che, per quelli che mi avrebbero   stones
visto in televisione, era bello.

    Allora mio papà si mise a piangere perché lo volevano mandare via,
45   voleva fare qualcosa anche lui. Fu fortunato: avevano messo uno spaventa-
passeri° nuovo in mezzo al campo (lo aveva disegnato un famoso sarto)°.   scarecrow / tailor
Aveva una camicia a scacchi e dei pantaloni azzurri appena un po' stracciati°   torn
e un cappello di paglia, sfrangiato ad arte. Ma era così bello e così poco
spaventevole° che i passeri scendevano giù a guardarlo, e invece mio padre,   scary
50   vestito com'era, andava benissimo per spaventare i passeri°, e così fece lo   sparrows
spaventapasseri dello spaventapasseri: c'era lo spaventapasseri firmato in
mezzo al campo, ma quello che teneva lontano i passeri era mio padre dieci
metri più in là.

Io dovevo lucidare° le mele sugli alberi e convincere le mucche a non
55 farne troppa e tenere buoni i maiali quando li truccavano col cerone° rosa perché si rotolavano nel fango° e non era bello mostrare dei maiali troppo maiali,
e inoltre dovevo far star zitto il gallo perché tutti dormivano fino alle nove e
mezzo.

Ma una notte, che c'era una gran luna vera, e i grilli° cantavano, e le muc-
60 che muggivano° perché nessuno le mungeva°, e mio padre stava là immobile
nel campo fumando la pipa, io vidi la mia casa circondata° da tutti quei fari° e
quelle macchine da presa e vidi due col fucile che andavano a caccia delle
civette° perché disturbavano, e uno che stava mettendo una luce finta° dentro il
forno del pane, e arrivò una macchina blu e scese un uomo e appena lo vidi in
65 faccia capii che casa mia non sarebbe più stata il più bel posto del paese.

Raccolsi le mie poche robe, salutai mio padre che mi diede la sua
benedizione, salutai il gallo che se ne stava triste in un angolo, con le piume
cotonate°, chiusi gli occhi e mi misi a correre alla cieca,° giù per la
cavedagna, seguendo gli odori, finché giunsi all'albero di melograno° là dove
70 passava la corriera° di mezzanotte.

Beato te, che vivi in un dormitorio di periferia, o in un vicolo fati-
scente°, o all'incrocio delle vie più trafficate della città, perché la tua casa non
ti verrà mai rubata.°

to shine	
make-up	
mud	
crickets	
bellowed / milked	
surrounded / flood-	
lights	
howls / fake	
back-combed	
feathers / blindly	
pomegranate tree	
bus	
decaying alley	
robbed	

IN CLASSE

 ## A. PRIME IMPRESSIONI

Se non ricordi rileggi e poi rispondi il più dettagliatamente possibile.

1. Come è descritta la casa del protagonista?

2. Come sono descritti gli animali e i prodotti della campagna?

3. Quando «comincia il brutto»?

4. Quali cambiamenti impongono i signori della pubblicità?

5. Come finisce la storia? Qual è la tua prima impressione sul finale?

B. SOLO PAROLE

Lavorando con un compagno/una compagna collega le parole della colonna *A*, prese dal testo, con le parole o definizioni della colonna *B*. Incomincia dalle più facili e poi procedi per esclusione.

A   **B**

Nomi

1. edera   _____ scarpe di legno

2. pollaio   _____ acqua e terra

3. alveare   _____ pianta rampicante

4. corteccia   _____ la casa delle api

5. zoccoli   _____ la casa dei polli

6. fango   __7__ intorno alla città

7. periferia   _____ la pelle degli alberi

Aggettivi

1. lucido   _____ che fa paura

2. abbronzato   _____ non vero

3. spaventevole   __1__ che riflette la luce

4. vero   _____ scuro per il sole

5. finto   _____ autentico

Verbi

1. spaccare   _____ portar via

2. sbucare   _____ far paura

3. scavare   _____ rompere

4. scivolare   _____ fare buchi

5. spaventare   __2__ uscire fuori

6. rubare   _____ cadere

C. LA SUPERFICIE DEL TESTO

Ora rileggi rapidamente il racconto e poi completa il paragrafo con le seguenti parole prese dal testo: **forno, zitto, corriera, zoccoli, firmato, cerone rosa, disturbavano.**

In quella valle tutto era perfetto, ma non abbastanza «pittoresco» per i professionisti della pubblicità. Così, invece delle scarpe, il narratore doveva portare gli

_____; lo spaventapasseri aveva un vestito _____; i maiali erano

truccati col _____ e il gallo doveva stare _____ perché tutti dormi-

vano fino a tardi. Misero anche una luce finta dentro il _____ del pane e andarono a

caccia delle civette perché _____. Allora il ragazzo capì che quella non

sarebbe stata più la sua casa e partì con la _____ di mezzanotte.

D. TRA LE RIGHE

In questo racconto Benni usa descrizioni esagerate ed assurde per comunicare una sensazione di meraviglia e di magia, come nelle favole. Ecco alcune di queste descrizioni. Lavorando con un compagno/una compagna scegli l'interpretazione che ti sembra corretta e poi confronta con la classe.

1. «...il gallo...quando la mattina cantava spaccava i sogni col martello.»
   a. Il gallo cantava così forte che rompeva i sogni come se fosse un martello.
   b. Il gallo non cantava abbastanza forte ma rompeva i sogni col martello.

2. «...anche mio padre era bello, aveva la faccia come la corteccia del castagno...»
   a. Il padre portava una maschera di corteccia di castagno.
   b. Il padre aveva la faccia coperta di rughe (*wrinkles*) come la corteccia di un castagno.

3. «...un attore abbronzato con delle mani che non dico non aveva mai provato a zappare, ma neanche a lavarsele da solo.»
   a. L'attore che doveva impersonare il padre aveva le mani di uno che non aveva mai fatto lavori manuali.
   b. L'attore abbronzato aveva le mani sporche.

4. «...mi misero solo degli zoccoli che dio bono, avete mai provato ad andare sui sassi con gli zoccoli...»
   a. Mi misero degli zoccoli che erano perfetti per camminare sui sassi.
   b. Mi misero degli zoccoli con i quali era difficilissimo camminare sui sassi.

E. DUE MINUTI DI GRAMMATICA

«Imperfetto», «passato prossimo» o «condizionale»? Completa il paragrafo scegliendo il modo e il tempo del verbo in parentesi.

Il viaggiatore non _____ (potere) dimenticare la sua casa in campagna. Ogni

giorno _____ (passare) ore a raccontare le meraviglie della sua valle e

_____ (vivere) di nostalgia e di malinconia. Una sera, mentre _____

(sospirare) seduto sulla porta della sua nuova casa, la sua vicina Lucia _____

(sedersi) vicino a lui per consolarlo: «Se io fossi in te _____ (ritornare) alla mia

valle e _____ (dire) a tutti quei signori di fare le valige e di tornarsene a casa!» Il

giorno dopo il viaggiatore _____ (partire) all'alba. Verso mezzogiorno

_____ (essere) già nel suo giardino. Lucia, che _____ (andare) a

trovarlo, mi _____ (raccontare) che tutto _____ (tornare) come

prima... quasi come prima.

A CASA

 # A. SECONDO ME...

Domani dovrai discutere in classe su alcuni aspetti del racconto di Benni. Per prepararti rispondi a queste domande.

1. Come abbiamo già osservato Benni usa spesso la tecnica letteraria dell'esagerazione o del paragone (*comparison*) assurdo: mucche dagli occhi dolci come odalische; l'insalata brillava come smeraldo; frutti lucidi come perle... Cerca altri esempi che tu consideri strani o divertenti.

2. Come descrive Benni il ruolo dei professionisti dell'immagine? Qual è la loro funzione e la funzione del loro lavoro?

3. In questo racconto qual è l'oggetto principale della satira di Benni? Sei d'accordo con il suo punto di vista?

4. Come vengono presentati il ragazzo e il padre in rapporto all'invasione della televisione e della macchina pubblicitaria?

5. Come interpreti il finale del racconto?

 ## B. Con la penna in mano

Scrivi una pagina o due raccontando la tua esperienza personale con la televisione: quando, come e perché la guardi; qual è il ruolo della televisione nella tua vita; qual è e quale potrebbe essere il ruolo della televisione nella vita contemporanea.

ESEMPIO: Io sono una fanatica delle notizie e quindi devo sempre vedere il telegiornale americano e anche quello italiano...

IL GIORNO DOPO: SCAMBIO DI IDEE

 ## A. Confrontate

Lavorando in piccoli gruppi, confrontate le risposte alle domande che avete completato a casa. Poi discutete i risultati con il resto della classe.

 ## B. Parlate voi!

Fate una relazione alla classe su quello che avete scritto nel tema. Poi sollecitate il dibattito con queste e altre domande:

1. Pensate che la televisione potrebbe avere un ruolo maggiore come strumento culturale? Che tipo di programmi suggerireste per far conoscere culture, lingue e tradizioni diverse?

2. Quali sono i programmi che considerate assolutamente inutili e dannosi?

3. Pensate che ci dovrebbe essere una regolamentazione dei programmi televisivi se non una vera e propria censura? O pensate che questi provvedimenti violerebbero il diritto alla libera espressione?

TERZA SEZIONE: AL CINEMA

Il regista

Tra i registi del «nuovo cinema italiano» e tra i nuovi comici Maurizio Nichetti è colui che fa più chiaramente riferimento ai classici del cinema americano: Buster Keaton e le «slapstick comedies» di Mack Sennet. Il suo primo film è *Ratataplan* (1979), accolto con grande favore di critica e pubblico a cui segue, nel 1982, *Domani si balla* che non ha altrettanto successo. *Ladri di saponette* (1988), riconferma però la sua originalità di autore, attore e regista comico: il critico Gian Piero Brunetta definisce questo film «brillante e con molta probabilità uno dei più originali film comici degli anni ottanta.»

Ritratto di famiglia in Ladri di saponette *di Maurizio Nichetti.*

Volere volare (1990), segna, secondo i critici, il punto più alto raggiunto dal cinema di Nichetti. Come *Chi ha incastrato Roger Rabbit* di Robert Zemeckis, *Volere volare* combina realtà e animazione, ma Nichetti rivendica° la priorità dell'idea. Nel 1993 esce *Stefano Quantestorie*, «opera forse meno riuscita° nell'insieme, ma per molti aspetti geniale e imprevedibile°, delirante e con soluzioni surreali all'altezza dei suoi film precedenti.» (Brunetta, *Cent'anni di cinema italiano*).

Il film: *Ladri di saponette*

Nelle prime scene del film Maurizio Nichetti è in uno studio televisivo per presentare il suo film, *Ladri di saponette*, che viene trasmesso quella sera. Il film (quello di Nichetti nella finzione cinematografica) è un film che si richiama al neorealismo, corrente cinematografica (e letteraria) del dopoguerra, che vuole rappresentare, in modo il più possibile autentico, la realtà difficile di un paese e di un popolo tormentati dalla miseria e dalle sofferenze. Il titolo riprende quello di un capolavoro di quel periodo *Ladri di biciclette* (1948) di Vittorio De Sica.

Come nel famosissimo film di De Sica protagonista è una famiglia: il padre Antonio, disoccupato in cerca di lavoro, la madre Maria e due bambini, Bruno e la sorellina di pochi mesi. Nelle intenzioni di Nichetti il film dovrebbe essere, come il suo prototipo, un film drammatico, ma la realtà dei nostri giorni con il suo benessere, la sua superficialità e il suo consumismo interrompe la finzione cinematografica, prima attraverso la pubblicità che segmenta il film, e poi attraverso una mescolanza° postmoderna di realtà e finzione, presente e passato, cinema e televisione, personaggi nel film, nella televisione e nel salotto davanti alla televisione.

I confini non esistono più, separare diventa impossibile: il mondo contemporaneo è ormai una fusione irreversibile di realtà e di mass media. Il finale tragico diventa finale comico e il regista Nichetti, imprigionato dallo schermo televisivo, cerca invano l'attenzione del suo pubblico.

 AL QUESTIONARIO!

Dopo aver riletto l'introduzione rispondi con frasi complete.

1. A quali classici del cinema americano fa riferimento il regista Maurizio Nichetti?

2. A quale film viene paragonato *Volere volare* e perché?

3. Come incomincia il film *Ladri di saponette*?

4. A quale film neorealistico fa riferimento Nichetti? Chi è il regista di quel film?

5. Secondo quello che hai letto nell'introduzione, in che cosa i due film sono simili e in che cosa sono diversi?

rivendica ... claims / *riuscita ...* successful / *imprevedibile ...* unforeseeable / *mescolanza ...* mixing

TUTTI NE PARLANO

Conoscete film che trattino del potere dei mass media (cinema, televisione, giornali) o che mescolino realtà ed animazione? Quali? Erano convincenti o vi hanno lasciato perplessi? Lavorando in gruppo fate un elenco di questi film ed esprimete il vostro giudizio critico. Confrontate poi con gli altri gruppi.

IN CLASSE

Prima guardate tutto il film, *Ladri di saponette*, poi concentratevi su due brevi scene verso la fine del film. Ricordate che il regista Nichetti aveva scelto un finale tragico per la sua storia: Antonio, il padre, doveva finire sulla sedia a rotelle (*wheelchair*); Maria, la moglie, doveva darsi alla prostituzione; i due figli dovevano finire all'orfanotrofio (*orphanage*). Ma la storia cambia improvvisamente a causa di uno spot pubblicitario (*commercial*) che interrompe il film: la modella della pubblicità a colori si tuffa (*dives*) in una piscina ed esce in un fiume, nel film in bianco e nero.

Nella prima scena che vi presentiamo vedrete il regista, insoddisfatto del finale imprevisto (*unexpected*) del suo film, entrare nello schermo (*tv screen*) per rimettere ordine nella sua storia: arriva a casa di Antonio e trova la modella con il piccolo Bruno. Nella seconda scena il regista entra nello spot pubblicitario per convincere Maria a tornare nel film.

Se non avete il film a disposizione, saltate *A*, passate direttamente a *B* e rispondete solo alle domande in *C*.

 ## A. PRIMA VISIONE

1. Guardate la prima scena (se ci sono sottotitoli, copriteli). Poi con l'aiuto di un compagno/una compagna riassumete in due o tre frasi quello che succede nella scena.

2. Guardate la seconda scena e ripetete l'esercizio.

 ## B. IL COPIONE

Ecco il testo delle due scene del film. Leggilo e poi passa subito *Alla moviola*.

PRIMA SCENA: *(Il regista Nichetti è entrato nel suo film: arriva a casa di Antonio e trova il piccolo Bruno con la modella.)*

BRUNO: Ma tu chi sei?

IL REGISTA: Sono un amico, sono un amico di famiglia. Eh... Vi conosco
5   come i miei figli, vi conosco. In questa casa poi potrei muovermi ad
occhi chiusi, eh...: (*chiude gli occhi*) qui c'è il bagno, qui c'è la cucina,
qui... qui c'è la camera da letto, e lì... (*guarda il muro e apre gli
occhi*)... dov'è la bicicletta?

BRUNO: L'ho venduta.

10 IL REGISTA: Ma come l'hai venduta? Ma tu con le ruote° della bicicletta   wheels
dovevi costruire una sedia a rotelle per tuo padre, paralitico dopo l'incidente.

BRUNO: Ma mio padre sta bene.

IL REGISTA: Male! Invece doveva essere investito° da un camion mentre tor-   run over
15   nava a casa dalla fabbrica col lampadario° sul manubrio° della bici-   chandelier / handle-
cletta. Eh... E tua mamma, per aiutare la famiglia doveva darsi alla   bar
vita°.   become a prostitute

BRUNO: Cosa?

IL REGISTA: Sì, va be'... tu, la vita... adesso tu non sai queste cose, sei ancora
20   piccolo. Tu e tuo fratello, il piccolino, venivate portati all'orfanotrofio.
Eh... non fare quella faccia! L'orfanotrofio era solo nella scena finale, è
un colpo di teatro, praticamente sui titoli di coda°.   end credits

LA MODELLA: (*entra con una torta e canta*) Happy birthday to you, happy
birthday to you—Happy birthday, dear Bruno...

25 IL REGISTA: Ma scusi, Lei è ancora qui? Non c'entra niente con questa storia!
Deve tornare nella pubblicità!

LA MODELLA: Ah, no! Ormai sono nel cinema e ci rimango.

IL REGISTA: E sa anche parlare italiano?

LA MODELLA: Sì, Bruno è il mio professore, my teacher. Ci divertiamo insieme.

30 BRUNO: We have a good time together.

IL REGISTA: Ragazzi, non scherziamo con queste torte. Non prendete iniziative. Qui il regista sono io!

LA MODELLA: Oh my God! You are the director! I've always wanted to meet
an Italian director. Listen, I love your movies... and the black and
35   white... it's just great! I would really love to work with you in Italy ex-
cept the only thing I know how to say is 'Ti amo'.

IL REGISTA: (*rivolto ancora al bambino*) Ma dov'è tuo padre, eh?

BRUNO: In prigione.

IL REGISTA: In prigione? Ma com'è successo? Sta bene almeno?

40 BRUNO: Sta bene: mangia, dorme e non lavora come quando era a casa.

IL REGISTA: Ho capito. Io devo rimettere ordine in questa storia. Voi due non
vi muovete di qui. E tu (*rivolto a Bruno*) ricordati: per il bene del film,
ti piaccia o no, finirai° all'orfanotrofio.   you'll end up

SECONDA SCENA: *(Bruno, per non finire all'orfanotrofio, scappa° nella pubbli-*   runs away
45   *cità dove trova sua madre Maria che sta reclamizzando° il detersivo per*   advertising
    lavatrice 'Vialblue: per una vita tutta a colori!'. Il regista li insegue°.)   runs after them

IL REGISTA: Ma cosa stai facendo Maria?

MARIA: Ma come che faccio? Canto!

IL REGISTA: Ma, canti? Devi tornare a casa! Ti stanno cercando tutti!

50   MARIA: Io, in quello squallore di vita, non ci torno più!

IL REGISTA: Ma la tua famiglia, la tua storia, sono dall'altra parte!

MARIA: Io voglio una vita tutta a colori! *(Vede il piccolo Bruno che corre verso di lei)* Bruno!

 # C. ALLA MOVIOLA

Torniamo indietro: avevate capito il dialogo prima di leggere il copione del film? Fate la prova: rileggete il riassunto che avete fatto. Rispecchia il senso generale delle scene? Se no, provate a rispondere a queste domande e poi confrontate con il resto della classe.

1. Bruno e il regista Nichetti si conoscevano?

2. Perché è importante la bicicletta per il regista?

La modella e Maria: due mondi a confronto in Ladri di saponette *di Maurizio Nichetti.*

3. Che fine doveva fare la madre di Bruno secondo Nichetti? E i due figli, dove dovevano finire?

4. Nichetti vuole la modella come protagonista del suo film?

5. Perché Maria non vuole più tornare a casa?

 D. TRA LE RIGHE

Interpreta queste battute del regista Nichetti nelle due scene che hai letto. Lavora con un compagno/una compagna.

Nichetti dice a Bruno:

1. «Sono un amico di famiglia—vi conosco come i miei figli—in questa casa poi potrei muovermi ad occhi chiusi.»
   a. Nichetti e il padre di Bruno si conoscevano da quando erano bambini.
   b. Bruno, la sua famiglia e la sua casa sono invenzioni del regista.

2. «Eh...non fare quella faccia! L'orfanotrofio era solo nella scena finale, è un colpo di teatro, praticamente sui titoli di coda.»
   a. Bruno non si deve preoccupare perché il regista lo farà finire all'orfanotrofio solo alla fine del film.
   b. Il regista decide di eliminare l'idea dell'orfanotrofio per accontentare Bruno.

3. «Ragazzi, non scherziamo con queste torte. Non prendete iniziative. Qui il regista sono io!»
   a. Nichetti vuole essere il solo a decidere come finisce il film.
   b. Nichetti vuole che Bruno e la modella lo aiutino a prendere una decisione.

4. «E tu ricordati: per il bene del film, ti piaccia o no, finirai all'orfanotrofio.»
   a. Bruno finirà all'orfanotrofio solo se lui vorrà andarci..
   b. Il finale del film sarà drammatico: l'opinione di Bruno non conta.

 E. DUE MINUTI DI GRAMMATICA

Il regista Nichetti vuole/non vuole che le seguenti persone facciano alcune cose: allora dà ordini! Usando la forma corretta dell'«imperativo», scrivete gli ordini di Nichetti.

1. Nichetti non vuole che i produttori interrompano sempre il suo film con la pubblicità.

2. Nichetti non vuole che Bruno venda la bicicletta.

3. Nichetti vuole che la signora lo faccia uscire dalla televisione.

4. Nichetti vuole che la polizia rilasci Antonio.

5. Nichetti vuole che Maria torni a casa.

A CASA

SECONDO ME...

Maria non vuole più tornare nel film in bianco e nero perché vuole «una vita tutta a colori». Anche la modella alla fine del film torna nella pubblicità perché «il film è duro... si soffre troppo nel film in bianco e nero». La nostra società consumista ci presenta tutto a colori, ci spinge a consumare tutto a colori, a mangiare a colori, a bere a colori.

In preparazione alla *Tavola rotonda* di domani rispondi a queste domande.

1. Che effetto ha su di te il colore? E il bianco e nero? Come ti fanno sentire? Con che cosa li associ? (Pensa a un film, a una fotografia, ai colori delle stagioni, a un dipinto, a un sogno...)

2. Pensa agli spot pubblicitari che vedi alla televisione. Quali sono i prodotti reclamizzati che ti restano in mente? Perché li ricordi? Cosa ti spinge a comprare determinati prodotti al posto di altri? Cosa determina le tue scelte?

3. Che reazione hai quando il programma che stai guardando viene continuamente interrotto dalla pubblicità? Ti arrabbi? Sei indifferente? Ti diverte? Perché?

4. Alla fine del film Maria torna nella sua storia, nel film in bianco e nero, con carrelli pieni di prodotti che ha preso nel mondo a colori. Grida contenta: «Ho preso tutto, Antonio, ho preso tutto!» Commenta questa sua frase.

5. Il regista Nichetti non vuole un lieto fine (*happy ending*) per il suo film, ma tutti i suoi sforzi per dare una conclusione drammatica alla storia falliscono: i suoi personaggi vogliono finire bene, anche a costo di anacronismi (i carrelli pieni di prodotti nella realtà italiana del dopoguerra). Tu sei d'accordo con il regista o con i personaggi?

IL GIORNO DOPO: TIRIAMO LE FILA

A. TAVOLA ROTONDA

Mettetevi in cerchio e aprite il dibattito su questi punti. Assegnate i ruoli: alcuni sono registi, altri attori, giornalisti, ecc. Prendete posizione e discutete. Uno di voi, il moderatore, fa le domande:

1. È possibile vivere senza il computer, secondo voi?

2. Secondo voi, la gente tende a vedere più gli aspetti negativi o quelli positivi delle nuove tecnologie?

3. Come vi immaginate sarà distribuita l'informazione tra venti o trent'anni?

4. Quale sarà il futuro dei giornali?

5. Quale sezione in questo capitolo vi ha stimolato di più? In che senso?

6. Secondo voi, quale dei tre testi che avete letto (il racconto, l'articolo, il copione del film) esprime più ansia riguardo agli effetti dei mass media sulla società?

7. C'è qualche altro tema legato ai mass media e alla tecnologia di cui vorreste parlare?

 B. L'INTERVISTA

Intervistate un compagno/una compagna e poi riportate i risultati alla classe.

1. Cosa intendi tu per «informazione»? È importante per te?

2. Quale mezzo di informazione preferisci? Perché?

3. Quante ore al giorno passi a leggere i giornali? Quante ad ascoltare la radio? Quante a guardare la televisione? Quante a navigare su Internet?

4. Quali professioni legate ai mass media ti piacerebbe fare?

 C. CON LA PENNA IN MANO

Secondo te, la società elettronica con i suoi computer e i suoi strumenti personalizzati, porterà eventualmente alla fine dei tradizionali mass media (radio, televisione, giornali)? Spiega.

ESEMPIO: Io sono d'accordo con Umberto Eco quando dice che il quotidiano, come mezzo di informazione, è insostituibile. Ma...

Capitolo 4

Essere in guerra

Cavaliere con cappello rosso, *Giorgio de Chirico, 1935 (Galleria Nazionale d'Arte Moderna, Roma)*.

In un discorso pronunciato durante un simposio alla Columbia University, il 25 aprile 1995, per celebrare la liberazione dell' Europa, Umberto Eco così ricorda:

«In maggio, sentimmo dire che la guerra era finita. La pace mi diede una sensazione curiosa. Mi era stato detto che la guerra permanente era la condizione normale per un giovane italiano. Nei mesi successivi scoprii che la Resistenza non era solo un fenomeno locale, ma europeo.... Vidi le prime fotografie dell'Olocausto, e ne compresi così il significato prima di conoscere la parola. Mi resi conto da che cosa eravamo stati liberati.

In Italia vi sono oggi alcuni che si domandano se la Resistenza abbia avuto un reale impatto militare sul corso della guerra. Per la mia generazione la questione è irrilevante: comprendemmo immediatamente il significato morale e psicologico della Resistenza. Era motivo d'orgoglio° sapere che noi europei non avevamo atteso la liberazione passivamente. Penso che anche per i giovani americani che versavano° il loro tributo di sangue alla nostra libertà non era irrilevante sapere che dietro le linee c'erano europei che stavano già pagando il loro debito.» (Umberto Eco, «Il fascismo eterno» in *Cinque scritti morali*)

In questi due paragrafi di una lunga conferenza dedicata alla necessità di «ricordare» per non ripetere gli errori del passato, Eco fa riferimento a diversi tipi di guerra e a diverse concezioni della guerra: la «seconda guerra mondiale», la Resistenza o «guerra di liberazione», e la «guerra permanente» che faceva parte dell'ideologia fascista a cui venivano educati i giovani italiani.

La «seconda guerra mondiale», dal 1940 al 1945, vide l'Italia, sotto la dittatura del regime fascista di Mussolini, alleata con la Germania di Hitler fino al 1943, quando cadde° il fascismo e ritornò la libertà di stampa, di parola, di associazione politica. Allora l'Italia si trovò divisa in due: al sud c'erano gli inglesi e gli americani che erano sbarcati° per liberare l'Italia; al nord, l'occupazione dei tedeschi (adesso feroci nemici della popolazione che appoggiava° la «guerra di liberazione»), e i fascisti che si erano riorganizzati. Fu allora che incominciò la Resistenza, che fu anche guerra civile: antifascisti dei diversi partiti politici che erano sopravvissuti° nella clandestinità durante il fascismo, si organizzarono in «gruppi partigiani» e, con l'aiuto della popolazione che li nascondeva e manteneva i collegamenti° tra i vari gruppi, liberarono il nord dai tedeschi e dai fascisti.

Umberto Eco cita poi nel suo discorso la «guerra permanente»: per il fascismo non c'era lotta per la vita ma «vita per la lotta», culto dell'azione, dell'eroismo e della morte. Il regime voleva creare un impero e mandò le sue truppe alla conquista dell'Africa, occupò la Grecia, l'Albania, la Iugoslavia. L'opposizione interna al fascismo, alla sua ideologia, alle sue imprese, fu combattuta dal regime con grande violenza: molti militanti dell'opposizione, organizzata all'estero o nella clandestinità, furono arrestati, torturati, uccisi, ma altri continuarono la loro opera fino alla liberazione di tutto il territorio italiano il 25 aprile del 1945.

Il film *Mediterraneo*, di Gabriele Salvatores, che vi presentiamo nella sezione cinema di questo capitolo, tratta proprio dell'avventura in Grecia, dal 1941 al 1943, di un piccolo gruppo di soldati, spediti a combattere una guerra in cui non credevano. Nella sezione dedicata al giornalismo leggerete un'intervista su medici che lavorano in paesi che sono oggi in guerra. Nella sezione sulla letteratura leggerete un racconto di Pier Vittorio Tondelli su un modo particolare di sperimentare l'assenza di pace.

---

orgoglio ... **pride** / *versavano* ... **shed** / *cadde* ... **fell** / *sbarcati* ... **landed** / *appoggiava* ... **supported** / *sopravvissuti* ... **survived** / *collegamenti* ... **connections/links**

AL QUESTIONARIO!

Se non ricordi, rileggi l'introduzione e poi completa il questionario.

1. Che cos'è la Resistenza?
2. Perché secondo Eco la Resistenza fu un fenomeno importante?
3. C'era libertà in Italia durante il fascismo?
4. Esisteva un'opposizione antifascista? Come veniva trattata dal regime?
5. Che cosa ricordiamo il 25 aprile?

 ## TUTTI NE PARLANO

Che cosa sai dell'Olocausto? Hai letto libri, visto film o documentari che ne parlano? L'hai studiato nei tuoi corsi di storia? Che cosa hai imparato? Lavorando in gruppi fate un elenco del materiale che conoscete sull'argomento e dite che cosa vi ha insegnato. Riportate poi i risultati al resto della classe.

PRIMA SEZIONE: NEI GIORNALI E NELLE RIVISTE

I conflitti che si protraggono nel tempo sono tra i più crudeli per gli effetti logoranti e distruttivi che hanno sulle popolazioni coinvolte. Il Sudan è scosso da una guerra civile che dura da oltre un quarto di secolo. In questa intervista incontrerete Alessandra Redondi, medico volontario di Roma, partita per il Sudan per prestare soccorso sanitario. L'intervista fa parte dell'articolo «Italiani in guerra. Ai confini dell'uomo», apparso sulla rivista *Gli italiani*.

Ai *confini* dell'uomo

Ogni giorno lontani da casa.
In posti dove non c'è nulla.
Se non dolore e paura.
Eccoli, i Medici Senza Frontiere

Emanuele Cardona

«Non è una vacanza. Il lavoro è duro. Difficile. Ma è proprio quello che voglio fare. Penso di aver trovato la mia strada...». Così ci racconta Alessandra Redondi, medico di Roma, in missione con *Medici Senza Frontiere* nel Sud Sudan. Ventotto anni, una laurea in medicina, un diploma di medicina
5 tropicale, un buon livello di inglese e francese. Esperienze di volontariato a Roma e con gli immigrati, esperienze lavorative in alcuni ospedali: questo il suo curriculum. Poi la decisione di partire con *MSF* per il Sudan, un Paese dal difficile contesto politico e sociale, dilaniato° da un'interminabile guerra   torn
civile, dove il rischio di attacchi armati e bombardamenti è sempre in
10 agguato°. Un Paese dove ogni giorno muoiono centinaia di bambini.   in wait

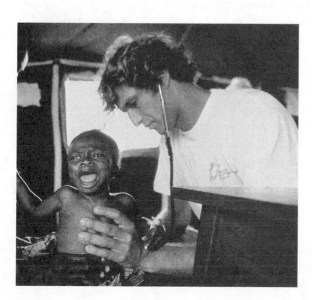

Un volontario di Medici Senza Frontiere *in Sudan.*

Sei appena tornata da una lunga missione...

«Sono stata in Sudan, che è sconvolto° da una guerra civile che dura da   disrupted
oltre 25 anni. Sono stata lì sette mesi, dal maggio del 1997 fino al 7 gennaio di
quest'anno».

Quali sono le condizioni della popolazione?

«Sono le condizioni di un popolo che da 25 anni è alle prese con una
15   situazione di emergenza: mancano le infrastrutture, le scuole, gli ospedali.
Manca la possibilità di lavorare la terra perché non ci sono strumenti e at-
trezzi°, e non c'è neanche, diciamolo, la voglia di farlo. La gente si chiede: tools
cosa mi aspetta domani? E non c'è mai risposta...».

...Non c'è futuro?

«È proprio questo che ti sconvolge°. Ti disorienta. Soprattutto all'inizio.   disturbs
20   Era la mia prima missione. Sono arrivata in Sudan con tanto entusiasmo. Con
tanta voglia di fare. E mi sono trovata davanti ad un muro di gomma°. La   rubber wall
gente ti guardava con gli occhi sgranati°. Molti dicevano che forse non valeva   open wide
la pena di impegnarsi tanto. Dietro tutto non c'è solo la paura, l'angoscia, la
disperazione. Esiste un gioco psicologico, che non sai come affrontare°. Una   to face
25   specie di spirale. Lavoravo in una équipe di quattro persone. Ed ero l'unico
medico. Ognuno di noi aveva dei compiti precisi, anche se nei momenti di
emergenza ci si aiutava tutti. Come medico ero responsabile di un ospedale
sudanese con 45 letti. Poi avevamo la supervisione di due centri di controllo
per la tubercolosi e di tre campi di rifugiati sudanesi. Gente che si sposta a
30   seconda° dei movimenti del fronte di guerra, per evitare gli scontri°.   according to / clashes

**Ti sei mai trovata in situazioni difficili, in cui hai creduto che la tua vita
fosse in pericolo?**

«Momenti di paura tanti. Agli aerei, per esempio, siamo abituati.
Voglio dire quando passano nei nostri cieli non ci fai nemmeno caso°. In   don't even notice it
Sudan no. Passano solo aerei militari, pronti a bombardare. Le prime volte
scappavo°, alla vista di un aereo, per raggiungere un rifugio. Il panico mi   I would run away
35   travolgeva. Laggiù la situazione è sempre critica, anche se siamo protetti e
rispettiamo le regole di sicurezza».

Siete protetti dal governo locale?

«Noi lavoriamo con le Nazioni Unite, in collaborazione con la *Operation Life Sudan*, e sotto questo *ombrello* lavorano tante altre organizzazioni
non governative, tra le quali l'*Unicef.* Poi lavoriamo anche con le autorità lo-
40   cali per cercare di costruire qualcosa insieme per la popolazione, anche se,

operando nella parte meridionale del Paese, considerata la parte ribelle, non siamo ben visti dal governo».

Come hai deciso di lavorare con Medici Senza Frontiere?

«Ero al terzo anno di medicina ed intendevo specializzarmi nella cura delle malattie infettive. Ho così scoperto che esisteva la specializzazione in
45 medicina tropicale e ho lavorato per due anni, come studentessa, in una clinica che curava questo tipo di malattie. Lì sono venuta a contatto con persone che facevano da tempo questo lavoro, ed avevano avuto l'opportunità di viaggiare e di conoscere altre culture. Dopo quest'esperienza, nel dubbio se specializzarmi o fare qualcosa di più pratico, che mi preparasse meglio, sono an-
50 data in Belgio a fare un corso di medicina tropicale: qui mi ha contattato la sezione belga di *Medici Senza Frontiere*. ...

Medici senza frontiere
Chi sono, cosa fanno

Medici Senza Frontiere è un'associazione privata indipendente, senza scopo di lucro°, a carattere internazionale. In 26 anni di attività è diventata la più importante organizzazione umanitaria privata, per le emergenze di soccorso sanitario°. Nel 1996 sono partiti sul terreno circa 2.400 volontari, di 45
5 differenti nazionalità, per sviluppare i programmi in più di 70 paesi, dove 15.000 persone hanno collaborato come staff locale.

Nata a Parigi il 20 dicembre 1971, l'associazione oggi è un movimento internazionale costituito da diciannove sezioni nazionali: Francia, Belgio, Olanda, Spagna, Svizzera, Lussemburgo, Grecia, Italia, Stati Uniti, Canada,
10 Giappone, Gran Bretagna, Danimarca, Svezia, Norvegia, Hong Kong, Australia, Germania cd Austria. ...

gain

medical assistance

A. PRIME IMPRESSIONI

Se non ricordi i particolari, rileggi l'intervista e poi rispondi a queste domande:

1. Chi sono i Medici Senza Frontiere? Perché si chiamano così?
2. Come descrive Alessandra la situazione in Sudan?
3. Perché Alessandra si è sentita disorientata all'inizio della sua missione?
4. Quali erano i suoi compiti di medico?
5. Con quali altre organizzazioni lavorano i Medici Senza Frontiere?
6. Si è mai sentita in pericolo Alessandra? Quando?
7. Qual è la specializzazione medica che interessa ad Alessandra?

 B. SOLO PAROLE

I nomi, aggettivi e verbi della colonna *A* sono presi dal testo. Associali con parole e definizioni nella colonna *B*. Incomincia con le parole più semplici. Lavora con un compagno/una compagna.

A   **B**

Nomi

1. volontariato   _____ confine
2. bombardamento   __4__ nascondiglio
3. scontro   _____ entrata in conflitto
4. rifugio   _____ attacco con bombe
5. frontiera   _____ servizio volontario

Aggettivi, participi passati

1. dilaniato   _____ che non finisce mai
2. interminabile   _____ lacerato
3. sconvolto   _____ confuso
4. disorientato   __3__ turbato

Verbi

1. mancare   _____ domandarsi

2. chiedersi   _____ fuggire

3. affrontare   __6__ assalire

4. spostarsi   _____ trasferirsi, muoversi

5. scappare   _____ non esserci

6. travolgere   _____ occuparsi (di qc) con determinazione

C. LA SUPERFICIE DEL TESTO

Completate le frasi mettendo queste parole nel giusto contesto: **civile, emergenza, malattie, si sposta, sanitario, aspettarsi**.

1. I Medici Senza Frontiere vanno nei paesi dove ci sono situazioni di _____.

2. Alessandra vuole specializzarsi nella cura delle _____ infettive.

3. La guerra _____ in Sudan dura da oltre venticinque anni.

4. Per evitare gli scontri, la gente _____ da un campo di rifugiati all'altro.

5. La popolazione sudanese non sa cosa _____ dal futuro.

6. Il soccorso _____ è di cruciale importanza nelle zone dilaniate dalla guerra.

D. TRA LE RIGHE

Le seguenti frasi sono tratte dall'articolo. Scegli l'interpretazione giusta per ogni parte sottolineata. Lavora con un compagno/una compagna.

1. «Sono arrivata in Sudan con tanto entusiasmo. Con tanta voglia di fare. *E mi sono trovata davanti ad un muro di gomma.*»
   a. Alessandra non ha trovato nessun problema.
   b. Alessandra si è trovata davanti a tanti ostacoli.

2. «Molti dicevano che forse *non valeva la pena di impegnarsi tanto.*»
   a. l'entusiasmo e la voglia di fare non servivano a niente
   b. non si lavorava abbastanza

3. «Quando (gli aerei) passano nei nostri cieli *non ci fai nemmeno caso.*»
   a. li senti sempre   b. non li noti più

4. «Operando nella parte meridionale del paese, considerata la parte ribelle, *non siamo ben visti dal governo.*»

   a. siamo ammirati dal governo   b. siamo poco amati dal governo

E. DUE MINUTI DI GRAMMATICA

«Fare + l'infinito». Completa le frasi con le seguenti espressioni mettendo il verbo «fare» nella forma appropriata del presente: **far venire, far sentire, far capire, far vedere, far evacuare.**

1. Spesso il telegiornale _____ immagini esplicite di conflitti.

2. I dibattiti politici _____ le posizioni dei partecipanti.

3. In casi di emergenza, le autorità locali _____ gli abitanti.

4. I Medici senza Frontiere _____ volontari da tutto il mondo.

5. Una lunga guerra _____ le sue conseguenze sulla popolazione.

A CASA

A. SECONDO ME...

In preparazione alla discussione di domani, rispondi a queste domande sul tema dell'articolo:

1. Come giudichi la scelta di Alessandra di partire per il Sudan? Coraggiosa? Necessaria? Inutile?... Spiega.

2. La guerra civile in Sudan dura da oltre venticinque anni. Pensa alle conseguenze materiali e psicologiche che un lungo conflitto ha sulla popolazione di un paese. Perché, secondo te, non si riescono a trovare (o non si vogliono trovare) alternative al conflitto armato? In che cosa falliscono governi, organizzazioni come le Nazioni Unite, autorità locali? Chi trae vantaggio da una guerra (i produttori di armi, il governo, il popolo, le grandi multinazionali...)?

3. Fai un elenco di tutti i conflitti armati che ci sono attualmente nel mondo e di cui sei informato. C'è una guerra in particolare che hai seguito con attenzione, attraverso giornali e televisione? Come ti ha fatto sentire? Spiega.

B. CON LA PENNA IN MANO

Vorresti partire come volontario per un'organizzazione umanitaria che aiuti popolazioni sconvolte da una guerra. Quale organizzazione contatteresti (Peace Corps, Unicef, United Nations, Medici Senza Frontiere...)? In quale paese andresti? Che cosa faresti (il medico, l'infermiere, l'insegnante, l'ingegnere, il muratore...)? Come ti prepareresti? Spiega le tue scelte.

> **ESEMPIO:** Se decidessi di offrirmi come volontario, contatterei subito un'organizzazione che aiuti bambini in situazioni di emergenza. Partirei per la Bosnia o per il Sudan...

IL GIORNO DOPO

 ## A. CONFRONTATE

Mettetevi in gruppo e confrontate le risposte che avete preparato a casa.

 ## B. PARLATE VOI!

Fate una relazione alla classe su quello che avete scritto nel tema. Aprite poi la discussione con domande come queste:

1. Che cosa pensate della mia scelta?
2. In base a quale criteri voi avete scelto la vostra missione di volontariato?

SECONDA SEZIONE: NELLA LETTERATURA

L'autore

Pier Vittorio Tondelli è nato a Correggio, Reggio Emilia nel 1955, è morto nel 1991. La sua prima opera è *Altri libertini*, del 1980, a cui segue *Pao Pao*, nel 1982. In questi due primi romanzi Tondelli vuole darci un ritratto del mondo giovanile contemporaneo attraverso la trascrizione del suo gergo (*slang*) e dei suoi particolari codici espressivi. I suoi riferimenti stilistici sono Céline, Gadda e Genet.

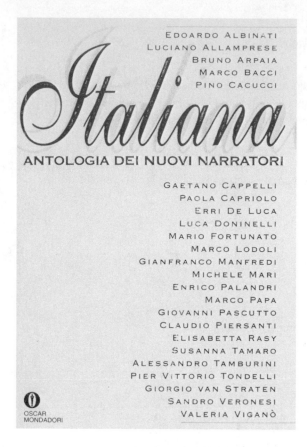

EDOARDO ALBINATI
LUCIANO ALLAMPRESE
BRUNO ARPAIA
MARCO BACCI
PINO CACUCCI

Italiana
ANTOLOGIA DEI NUOVI NARRATORI

GAETANO CAPPELLI
PAOLA CAPRIOLO
ERRI DE LUCA
LUCA DONINELLI
MARIO FORTUNATO
MARCO LODOLI
GIANFRANCO MANFREDI
MICHELE MARI
ENRICO PALANDRI
MARCO PAPA
GIOVANNI PASCUTTO
CLAUDIO PIERSANTI
ELISABETTA RASY
SUSANNA TAMARO
ALESSANDRO TAMBURINI
PIER VITTORIO TONDELLI
GIORGIO VAN STRATEN
SANDRO VERONESI
VALERIA VIGANÒ

OSCAR
MONDADORI

Una raccolta di narrativa contemporanea.

Nel 1985 esce *Rimini*, romanzo più complesso, ispirato a modelli americani: Chandler, Fitzgerald e Mailer. I critici hanno accostato° questo romanzo a *Manhattan transfer* di Dos Passos: pezzi di vita di personaggi diversi, sullo sfondo° di una Rimini violenta e corrotta che riprende l'immagine stereotipata e negativa di una metropoli americana.

Biglietti agli amici è del 1986 come l'antologia *Progetto under 25*, dedicato alla scrittura giovanile. Scrive *Camere separate* nel 1989 e *Un weekend postmoderno* nel 1990. Due opere, *L'abbandono* e il pezzo teatrale *Dinner party*, sono state pubblicate postume.

Il libro: *Italiana, antologia dei nuovi narratori*

Pubblicata nel 1991, questa antologia contiene racconti di nuovi autori italiani tra i quali Paola Capriolo, Elisabetta Rasy, Susanna Tamaro, Sandro Veronesi...

accostato ... compared / *sfondo ...* background

Il racconto di Tondelli, «Ragazzi a Natale» è diviso in vari episodi che corrispondono a tre diverse epoche e luoghi della vita del protagonista. «Berlino Ovest» è il presente del narratore, studente di ventiquattro anni, a Berlino, la notte di Natale. «Roma» è il ricordo di un altro Natale, a Roma, durante il servizio militare. «Corvara» è, ancora più indietro° nel tempo, il ricordo del Natale in cui il protagonista quindicenne baciò per la prima volta la sua ragazza.

I tre episodi hanno qualcosa in comune, il bisogno di trovarsi e di riconoscersi negli altri, per non sentirsi soli, per non sentirsi «in guerra». Vi presentiamo qui l'episodio «Berlino Ovest».

 ## AL QUESTIONARIO!

Riguarda l'introduzione sull'autore e sul libro e poi, lavorando con un compagno/una compagna, rispondi alle domande con frasi complete.

1. Quale mondo viene descritto nei primi romanzi di Tondelli? Attraverso quali strumenti?
2. Come viene presentata la città di Rimini nell'omonimo romanzo? Quali sono i modelli di quest'opera?
3. Di che cosa tratta il racconto «Ragazzi a Natale»?
4. Che cosa unifica i tre episodi del racconto?

 ## TUTTI NE PARLANO

Hai letto romanzi o racconti che parlavano della guerra? Di che guerra si trattava? Come veniva rappresentata? Lavorando in gruppi elencate quello che avete letto sull'argomento, esprimete i vostri giudizi positivi o negativi su questi libri e motivate i vostri commenti. Confrontate poi con gli altri gruppi.

Ragazzi a Natale

Pier Vittorio Tondelli

BERLINO OVEST. Eccomi qui a girare come un avvoltoio° attorno a quel rudere° della Gedächtniskirche, la chiesa della memoria, un campanile° semidistrutto dai bombardamenti che, nel centro della città, dovrebbe ammonire° gli uomini e il mondo ricordando loro il trucido mattatoio° dell'ultima guerra. Lì, all'Europa Center, fra negozi illuminati e il traffico

vulture
ruins / belltower

to warn / bloody slaughterhouse

5

più indietro ... **further back**

veloce della sera, i taxi, le automobili, i veicoli degli eserciti alleati, mi fa più che altro l'effetto di uno spartitraffico°. Ci sono a Berlino ben altri segni della follia distruttrice della guerra, ci sono ancora case dall'intonaco° scalfitto° dai proiettili°, ci sono edifici che hanno conservato intatta solo la facciata, il resto
10 sono cumuli di pietre° coperte di neve. Ma in fondo la vera tragedia è che sono qui, solo, con nemmeno tanti soldi in tasca, a girare come un disperato nel traffico della città, a sentire che tutti si augurano Buon Natale e Buon Anno e io ancora non ho imparato bene questa benedetta lingua. La guerra, la vera guerra, dice Klaus, è questa: non l'odio che getta le persone una contro
15 l'altra, ma soltanto la distanza che separa le persone che si amano. Stasera, stanotte, in questa vigilia natalizia, non sono che un povero studente italiano di ventiquattro anni perduto nella metropoli, senza un amico, senza una ragazza, senza un tacchino farcito da divorare bevendo birra e sekt. Se no va bene. Per questo, in un certo senso, io sono in guerra.
20 Lascio la Kudamm seguendo il traffico fino a Wittembergplatz. Il cielo è straordinariamente nero e puntellato° di stelle. Al Sud, soltanto in Italia, sarebbe una notte dolcissima e profumata. Qui non sento odori, né, in fondo, è limpidezza questo soffitto vuoto e gelido°, spazzato dal vento ghiacciato°, e mi costringe° a camminare alzando le spalle e guardando
25 fisso a terra. La neve, caduta qualche settimana fa, è ammucchiata in blocchi di ghiaccio ai lati della strada. I berlinesi dicono che è un Natale mite°, questo, in realtà è Siberia. Continuo a camminare, sto cercando di concentrarmi, devo trovare una via d'uscita, non posso passare questo mio primo Natale in terra di Germania solo, gettato° in strada come un pidocchio°.
30 Klaus, il mio compagno di casa, è tornato in famiglia ad Amburgo per le feste di fine anno e così gli altri nostri amici Hans, Dieter, Rudy: chi a Monaco, chi a Francoforte, chi a Stoccarda. È rimasta Katy, l'unica berlinese del nostro giro, amica di Klaus, ma ha un cenone con parenti e affini° e non mi ha potuto invitare. Sento improvvisamente odore di hamburger,
35 alzo la testa, vedo un chiosco ai lati della strada, che frigge salsicce e patatine. Compro il mio pranzo di Natale, qui a Wittembergplatz e lo consumo guardando le vetrine illuminate e sontuose dei grandi magazzini KaDeWe che espongono decine e decine di abiti da sera, i più costosi sono quelli italiani. Ma in fondo non ho problemi di solitudine. Quello che mi manca è
40 qualcuno, la sera, con cui sedermi al tavolo di una birreria e bere un bicchiere. Se no va bene...

BERLINO OVEST. Ho continuato a camminare fino a raggiungere Nollendorfplatz. La mia casa non è lontana, ma il pensiero di passare questa mezzanotte da solo mi gela il sangue molto più della temperatura della Prus-
45 sia. Il traffico si è diradato°. Vedo tante sagome° che danzano davanti alle

traffic divider
plaster / scraped
by bullets
stones

dotted

freezing
icy / forces me

mild

thrown / louse

related

thinned / shadows
butterflies

finestre accese come tante farfalle°. Saranno felici? Anch'io sono stato fe-   bus stop shelter
lice, almeno una volta, a Natale. Era il mio primo amore. Si chiamava...
oddio, sono passati tanti anni. Aveva capelli biondo-cenere e stavamo su in   driver
montagna. La prima ragazza che ho baciato e non ricordo neppure il suo
50 nome!
     Un autobus si arresta davanti alla pensilina°. È quasi vuoto. Mi va
l'idea di farmi un giro solitario per Berlino. Se non altro fa meno freddo e
potrò stare seduto. «Buon Natale» mi dice il conducente°. È un tipo abbastanza giovane, sui trent'anni. «Buon Natale» dico io in tedesco. «Sei
55 turco?» fa lui. Cristo! Sono già tre settimane che passo qui e parlo ancora
come un turco? O è per via del colore dei miei capelli? Dei miei occhi neri?
Gli rispondo che si sbaglia. Lui ride e mi invita a una festa. Il tempo di arrivare a Kreuzberg e finire il turno. «Perché no» faccio io. D'improvviso
non mi sento più in guerra. E so che questo sentimento non ha a che fare
60 con il Natale, né con il Nord, né con Berlino. È una cosa che riguarda la mia
vita e il mio passato, qualcosa di intimo e delicato che mi fa star bene, improvvisamente, in quella notte solo su un autobus, avviato per le strade della
metropoli.

IN CLASSE

A. PRIME IMPRESSIONI

Se non ricordi i dettagli, rileggi e poi rispondi con frasi complete.

1. Che cos'è la «chiesa della memoria»?
2. Quali altri segni della distruzione della guerra ci sono a Berlino?
3. In che cosa consiste la «vera tragedia» per il protagonista del racconto?
4. Come definisce Klaus la «vera guerra»?
5. Quando il protagonista è stato «almeno una volta» felice?
6. Perché, alla fine del racconto, il giovane italiano non si sente più in guerra?

B. Solo parole

Cerca di associare le parole della colonna *A*, prese dal testo, con le parole o definizioni della colonna *B*. Lavora con un compagno/una compagna e incomincia con le parole più semplici.

A   **B**

Nomi

1. rudere   _____ piccolo insetto
2. campanile   _____ il giorno prima
3. esercito   _____ torre con campana
4. vigilia   _____ rovina
5. pidocchio   __6__ vende bibite e panini
6. chiosco   _____ guidatore
7. conducente   _____ forze militari

Aggettivi

1. semidistrutto   __3__ freddissimo
2. farcito   _____ dolce
3. gelido   _____ quasi distrutto
4. ghiacciato   _____ ripieno
5. mite   _____ di ghiaccio

Verbi

1. conservare   _____ buttare via
2. seguire   _____ cuocere in padella
3. ammucchiare   _____ fare un errore
4. gettare   _____ mantenere
5. friggere   __2__ andare dietro
6. sbagliarsi   _____ accumulare

C. LA SUPERFICIE DEL TESTO

Leggi ancora una volta e poi metti le seguenti parole, prese dal racconto, nel contesto appropriato: **distanza, rudere, vigilia, ghiacciato, bombardamenti, stelle, qualcuno, solo**.

Nel centro di Berlino, un campanile semidistrutto dai _____ dovrebbe ricordare all'umanità gli orrori della guerra. Un giovane italiano osserva quel _____ e intanto pensa alla sua guerra personale. Pensa anche alle parole di un amico secondo il quale la vera guerra è la _____ che separa le persone che si amano. Quella notte è la _____ di Natale. Fa molto freddo, il vento è _____ ma il cielo è pieno di _____. Il protagonista del racconto non vuole passare il suo primo Natale in Germania da _____. Ha bisogno di _____ che non lo faccia sentire più in guerra.

D. TRA LE RIGHE

Sensazione di esclusione e di solitudine, desiderio di vicinanza: Pier Vittorio Tondelli sceglie con attenzione il suo vocabolario dei sentimenti creando immagini di gelo o evocando atmosfere di calore e conforto. Lavorando in coppia leggete queste frasi prese dal testo e scegliete l'interpretazione corretta.

1. «Qui non sento odori, né in fondo, è limpidezza questo soffitto vuoto e gelido, spazzato dal vento ghiacciato...»
    a. Nella fredda Berlino non si sentono gli odori, i profumi dell'Italia, e il cielo non sembra limpido ma solo vuoto e gelido.
    b. Il protagonista non sente gli odori perché ha il raffreddore e la sua stanza è gelida.

2. «...devo trovare una via d'uscita, non posso passare questo mio primo Natale in terra di Germania solo, gettato in strada come un pidocchio.»
    a. Il protagonista deve uscire di casa, anche se non vuole essere gettato in strada come un pidocchio.
    b. Il protagonista deve trovare una soluzione perché non vuole passare il Natale solo, gettato in strada come un pidocchio.

3. «...il pensiero di passare questa mazzanotte da solo mi gela il sangue molto più della temperatura della Prussia.»
   a. Il pensiero di passare da solo la notte di Natale è più intollerabile del freddo della Germania (ex Prussia).
   b. Il pensiero di passare la notte di Natale da solo non è terribile come la temperatura della Germania.

4. «Vedo tante sagome che danzano davanti alle fineste accese come tante farfalle»
   a. Davanti alle finestre illuminate danzano le farfalle.
   b. Le ombre (*shadows*) delle persone si muovono (o danzano) davanti alle finestre illuminate come farfalle.

 # E. Due minuti di grammatica

Completa il paragrafo scegliendo dal seguente elenco di «aggettivi indefiniti», «pronomi indefiniti» e «negativi»: **alcuni, tutti, nulla, nessun, qualche, qualcuno.**

Lo studente ventiquattrenne, protagonista del racconto di Tondelli, è solo in una città

straniera: è la vigilia di Natale e _____ i suoi amici sono assenti o impegnati in

_____ celebrazione natalizia. Il giovane cammina per Berlino, riflette su

_____ segni rimasti della distruzione della guerra, pensa che vorrebbe passare la

serata con _____ , al tavolo di una birreria. Nella città gelida non sente

_____ profumo e non vede _____ che gli possa ricordare la dolcezza di

una notte italiana.

A CASA

 # A. Secondo me...

In preparazione alla discussione di domani preparati a spiegare le tue idee su questi temi:

1. Nel racconto Klaus afferma che «La guerra, la vera guerra...è questa: non l'odio che getta le persone una contro l'altra, ma soltanto la distanza che separa le persone che si amano». Che cosa vuol dire, secondo te, Klaus? Sei d'accordo con le sue parole?

2. Il protagonista, nella prima parte del racconto, dice: «Per questo, in un certo senso, io sono in guerra.» Come interpreti la sua affermazione?

3. Che cosa pensi del finale del racconto? Puoi spiegare le sensazioni del protagonista?

4. In questo racconto Tondelli fa riferimento a varie esperienze di guerra: ci sono i segni della guerra armata, c'è la guerra di cui parla Klaus, c'è la guerra del protagonista. Perché, secondo te, l'autore associa queste esperienze? Sono simili? Diverse? In che senso?

 ## B. Con la penna in mano

Hai mai avuto esperienze simili a quelle dello studente descritto da Tondelli? Ti sei mai sentito «in guerra»? Che cosa ti ha aiutato ad uscire da quella situazione? Racconta la tua storia.

ESEMPIO: Ricordo una sera a Milano, alcuni anni fa. Mi ero appena trasferita dalla mia città di provincia e non conoscevo nessuno...

IL GIORNO DOPO: SCAMBIO DI IDEE

 ## A. Confrontate

Lavorando in gruppo scambiate le vostre idee sulle riflessioni che avete fatto a casa. Confrontate poi con il resto della classe.

 ## B. Parlate voi!

Fate una relazione ai compagni su quello che avete scritto nel tema. Aprite poi la discussione con queste e altre domande preparate da voi:

1. Secondo voi, che cosa di solito fa sentire le persone «senza via d'uscita» (*without a way out*)?
2. Avete mai aiutato qualcuno ad uscire dalla sua solitudine? In che modo?

TERZA SEZIONE: AL CINEMA

Il regista

Gabriele Salvatores esordisce nel 1981 con *Sogno di una notte di mezza estate*, a cui seguono *Marrakesh Espress*, nel 1989, e *Turné* nel 1990. In questi due ultimi film, come nei film di Nanni Moretti, è il bilancio di una generazione, tra nostalgie, rimpianti°, e desideri di fuga°. Nel 1991 esce il film che ha ricevuto i maggiori riconoscimenti internazionali, *Mediterraneo*, e nel 1992 *Puerto escondido*. In quest'opera l'illusione di fuggire da un mondo contaminato si scontra° con la difficoltà di trovare paradisi perduti: non esiste più un luogo «perfetto» dove ritrovare se stessi, ma questa impossibilità non impedisce di continuare il viaggio e la ricerca.

«In una realtà che si disgrega su scala mondiale e in cui gli spazi dell'utopia svaniscono...l'amicizia, nel cinema di Salvatores,... diventa un valore fondante°, una misura del mondo, un punto d'appoggio° spesso più forte dell'amore, e il viaggiare si rivela come il modo più sicuro per rinunciare al gioco delle maschere, per scoprire la faccia più nascosta° della propria personalità assieme a dimensioni sconosciute e imprevedibili della realtà che ci circonda°.» (Brunetta, *Cent'anni di cinema italiano.*)

"Greci e italiani: una faccia, una razza" da Mediterraneo *di Gabriele Salvatores.*

rimpianti ... regrets / *fuga* escape / *si scontra con* ... clashes with / *fondante* ... founding / *punto d'appoggio* ... a point to lean on / *nascosta* ... hidden / *ci circonda* ... surrounds us

Il film: *Mediterraneo*

Nel 1941, un gruppetto di soldati italiani viene sbarcato su una piccolissima isola greca nel mare Egeo, con una missione non ben precisata. L'isola sembra deserta ma, dopo qualche giorno, gli abitanti si fanno vedere. Si erano nascosti perché gli italiani, alleati dei tedeschi, sono loro nemici, ma poi si sono convinti che non hanno molto da temere° da quei ragazzi: un detto° greco dice infatti «Greci e italiani: una faccia, una razza.» In realtà in quell'isola, dominata da una natura splendida, la guerra è lontana. Non c'è nulla che giustifichi l'odio tra quei due popoli; la guerra è una cosa decisa dal regime, non è la loro guerra. A poco a poco persino° colui che sembrava più imbevuto° di retorica fascista, il sergente Lorusso, si inserisce perfettamente nella tranquilla vita dell'isola: la nave italiana che li ha portati lì, affonda°, il tempo passa, i soldati si dimenticano di tornare.

Tre anni dopo, nel 1943, un piccolo aereo italiano arriva sull'isola: il pilota racconta le novità: Mussolini è caduto, l'Italia è divisa in due, il paese sta cambiando... Tutti partono, tranne uno, Farina, che non crede nella possibilità di un vero cambiamento. Si sposa, apre un ristorante e non torna più.

Alla fine del film siamo nel tempo presente: il tenente che allora comandava il gruppo (un giovane professore interessato più all'arte che alla guerra, ora settantenne), torna sull'isola perché ha saputo della morte della moglie di Farina. E ci ritrova anche Lorusso che da anni era ritornato.

«Dedicato a tutti quelli che scappano» il film è un commentario sull'assurdità della guerra, sulle false promesse di chi ha in mano il potere, sul desiderio di un'oasi di pace, in cui dimenticare una realtà che non si lascia cambiare.

 ## AL QUESTIONARIO!

Rileggi e poi rispondi alle domande. Frasi complete!

1. Leggendo l'introduzione sul regista, quali ti sembrano i temi ricorrenti dei film di Salvatores?
2. Chi sono i protagonisti del film *Mediterraneo*? Perché sono su un'isola greca?
3. Che cosa succede tra i ragazzi italiani e la popolazione locale?
4. Che cosa succede nel 1943?
5. Come finisce il film?

 ## TUTTI NE PARLANO

Qual è secondo voi il miglior film, americano o straniero, sull'argomento «guerra»? Lavorando in piccoli gruppi discutete le vostre scelte e motivate le vostre preferenze. Fate poi un elenco dei film scelti dal vostro gruppo e confrontate con il resto della classe.

temere ... to fear / *detto* ... saying / *persino* ... even / *imbevuto* ... imbued / *affonda* ... sinks

IN CLASSE

Prima guardate tutto il film *Mediterraneo*, poi concentratevi su due brevi scene verso la fine del film. Dopo tre anni di isolamento su una piccola isola greca, i soldati italiani (abbandonati e dimenticati dall'esercito italiano) sono finalmente «salvati» da una nave inglese che li riporterà in Italia. Il soldato Antonio Farina non vuole partire. Nella prima scena lo vedrete nascosto in un barile di olive nella casa della moglie greca Vassilissa, mentre il sergente Nicola Lorusso cerca di convincerlo a partire. Nella seconda scena, Antonio, Lorusso e il tenente Raffaele si ritrovano sulla stessa isola circa cinquant'anni dopo. Il tenente, appena arrivato dall'Italia, entra nel ristorante di Antonio.

Se non avete il film a disposizione, saltate *A,* passate direttamente a *B* e rispondete solo alle domande in *C.*

 ## A. PRIMA VISIONE

1. Guardate la prima scena (se ci sono sottotitoli, copriteli). Poi con l'aiuto di un compagno/una compagna riassumete in due o tre frasi quello che succede nella scena.

2. Guardate la seconda scena e ripetete l'esercizio.

 ## B. IL COPIONE

Ecco il testo delle due scene del film (sceneggiatura di Enzo Monteleone). Leggilo e poi passa subito *Alla moviola.*

> *PRIMA SCENA: (Antonio è nascosto in un barile di olive. Il sergente Lorusso lo trova.)*

ANTONIO: Cosa c'è?

LORUSSO: Come cosa c'è?

5 ANTONIO: Cosa vuoi? Cos'è? Cosa c'è?

LORUSSO: Come cosa c'è, che vuoi, che c'è? Andiamo! Ci stanno aspettando! Salta fuori dal barile e andiamo, dai!

ANTONIO: Io non vengo. Questa è la mia casa. Io sono sposato. Rimango qui, io.

10 LORUSSO: Come rimani qui? Questi qua non ci aspettano: sono inglesi! Sei sposato ma questo matrimonio in Italia non vale°. Muoviti! Andiamo via!   *it doesn't count/is not valid*

ANTONIO: Per me vale... vale moltissimo... moltissimo.

LORUSSO: Va bèh, allora porta anche lei° ma andiamo! Non ci aspettano!   *bring her along too*

15 ANTONIO: Ma dove? Dove? Non ho casa, non ho lavoro, non ho niente, sono solo! Perché dovrei partire? No!

LORUSSO: Sta cambiando tutto! C'è da rifare l'Italia, ricominciamo da zero.
C'è grande confusione sotto il cielo, la situazione è eccellente. Dai, andiamo! Costruiremo un gran bel paese per viverci: te lo prometto... Ma
20   dai, è anche il nostro dovere°.   duty

ANTONIO: Ma che dovere Nicola? Lo hai detto anche tu, ti ricordi? Si sono dimenticati di noi: ecco, io voglio dimenticarmi di loro... Rifare l'Italia,
cambiare il mondo... io non ci credo, non sono capace, non so... io rimango qui.

25 LORUSSO: In un barile di olive, su un'isola deserta. Questa sarebbe la tua dimensione?

ANTONIO: Nicola, io mi sento vivo per la prima volta qua! Lo capisci questo?
Vassilissa vuole aprire un ristorante. Lei ha bisogno di me.
(*dopo una pausa*) Non te la prendere° sergente... Siamo amici, no?   don't get upset

30 LORUSSO: Attendente Antonio Farina, questa è diserzione, lo sai?

SECONDA SCENA: (*Circa cinquant'anni dopo sulla stessa isola. Al ristorante di
Antonio.*)

ANTONIO: Signor tenente!

TENENTE: Antonio, mi dispiace tanto.

35 ANTONIO: Non ero neanche sicuro dell'indirizzo. Grazie.

TENENTE: Sei sempre stato qua?

ANTONIO: Sì, sì... Hai visto il ristorante? (*vanno sulla terrazza*)

ANTONIO: (*a Lorusso che è seduto al tavolino*) Oh! Ho una sorpresa per te!
Guarda un po' chi è arrivato.

40 LORUSSO: (*guarda il tenente*) E chi è?

TENENTE: Lorusso!

LORUSSO: Signor tenente! (*si raccontano poi le loro storie...*)

LORUSSO: Non si viveva poi così bene in Italia...Non ci hanno lasciato cambiare niente... E allora gli ho detto: avete vinto voi, ma almeno non riusci-
45   rete a considerarmi vostro complice... così gli ho detto... e sono venuto
qui.
(*rivolto al tenente*) E tu, adesso cosa fai?

TENENTE: Vi do una mano. (*a tagliare le melanzane°*)   eggplants

 # C. ALLA MOVIOLA

Torniamo indietro: avevate capito il senso generale delle scene prima di leggere il copione del film? Fate la
prova. Rileggete il riassunto che avete fatto: rispecchia il dialogo? Se no, provate a rispondere a queste domande e poi confrontate con il resto della classe.

Il sergente Lorusso improvvisa una danza greca in Mediterraneo *di Gabriele Salvatores.*

1. Perché Antonio si è nascosto in un barile di olive?

2. Antonio ha qualcuno o qualcosa che lo aspetta in Italia?

3. Perché, secondo Lorusso, Antonio dovrebbe tornare in Italia?

4. Le previsioni di Lorusso sul futuro dell'Italia si sono rivelate giuste? Cosa lo ha fatto tornare nella piccola isola greca?

 # D. TRA LE RIGHE

Rileggete le battute del sergente Lorusso e del soldato Antonio Farina. Scegliete l'interpretazione corretta. Lavorate in coppia.

1. «Questi qua non ci aspettano: sono inglesi!»
   a. gli inglesi sono puntuali: partiranno senza di noi
   b. gli inglesi non ci vogliono sulla loro nave
   c. gli inglesi aspettano sempre le persone in ritardo

2. «C'è grande confusione sotto il cielo, la situazione è eccellente.»
   a. la situazione ideale è l'ordine
   b. quando c'è confusione, non è la situazione giusta
   c. la situazione in Italia è confusa; è importante essere presenti

3. «Si sono dimenticati di noi. Ecco, io voglio dimenticarmi di loro...»
    a. per Antonio il dovere verso la patria (*homeland*) ha ancora senso
    b. Antonio vuole dimenticare l'Italia che l'ha abbandonato in Grecia
    c. Antonio non vuole dimenticare nessuno

4. Sarebbe questa la tua dimensione?
    a. per Lorusso, Antonio dovrebbe aspirare ad azioni più gloriose
    b. per Lorusso, Antonio dovrebbe restare nel barile di olive
    c. le dimensioni dell'isola sono perfette per Lorusso

 # E. DUE MINUTI DI GRAMMATICA

Il sergente Lorusso dice ai suoi compagni: «In Italia non mi hanno lasciato cambiare niente». Vi ricordate l'uso di «lasciare + l'infinito»? Completate le frasi seguenti con la forma appropriata del verbo «lasciare». Usate i tempi suggeriti in parentesi.

1. Il sergente Lorusso (passato prossimo) _____ disertare Antonio.

2. I greci (presente) _____ alloggiare i soldati italiani nelle loro case.

3. Il prete ortodosso (passato remoto) _____ dipingere la chiesa al tenente Raffaele.

4. Gli inglesi (futuro) _____ salire un mulo sulla loro nave.

5. Vassilissa (imperfetto) non _____ più entrare i soldati in casa sua.

A CASA

 ## SECONDO ME...

In preparazione alla *Tavola rotonda* di domani rispondi a queste domande:

1. Quali sono le immagini, le parole, le frasi che rendono la prima scena comica?

2. Antonio dice: «Rifare l'Italia, cambiare il mondo... io non ci credo, non sono capace, non so... io rimango qui». Come descriveresti il personaggio di Antonio basandoti su questa sua affermazione?

3. Lorusso aveva grandi speranze nei cambiamenti che il dopo-guerra avrebbe portato. Molti pensano che si entri in guerra per cambiare delle cose, che la guerra sia il modo per migliorare una situazione. Ma cosa cambia esattamente dopo un conflitto armato? Perché molti restano delusi?

4. Cosa intendi tu per «dovere verso la patria»?

5. Quali sono le alternative al conflitto armato? Secondo te, ci sono situazioni in cui è impossibile evitare la guerra? O pensi che la guerra debba sempre essere evitata?

6. Ti identifichi più con Antonio o con Lorusso? In che senso? Spiega.

IL GIORNO DOPO: TIRIAMO LE FILA

 ## A. TAVOLA ROTONDA

Mettetevi in cerchio e aprite la *Tavola rotonda* confrontando le risposte che avete preparato a casa. Poi scambiate le vostre idee sui punti che seguono. Assegnate i ruoli: alcuni sono politici, altri volontari, medici, ecc. Uno di voi, il moderatore, fa le domande:

1. Quale sezione di questo capitolo vi ha toccato di più? Perché? Vi siete sentiti più vicini al protagonista del racconto (solo a Berlino), ai soldati italiani (abbandonati sull'isola greca) o ad Alessandra (anche lei sola, in Sudan)? Cosa accomuna, secondo voi, questi personaggi? Che cosa li rende diversi?

2. Secondo voi, i mass media danno una rappresentazione obbiettiva dei conflitti? E i film? E i romanzi?

3. In che modo la tecnologia ha cambiato il modo di far guerra? Come si combatteva nel passato? Come si combatte ora? Quali erano e quali sono adesso le conseguenze sulle popolazioni dei paesi coinvolti in una guerra? Secondo voi, è cambiato il significato della parola «guerra»?

4. Siete d'accordo con questa affermazione che apre il film: «In tempi come questi, la fuga è l'unico mezzo per mantenersi vivi e continuare a sognare»? Spiegate.

5. C'è qualche aspetto dell'argomento «guerra» che non è stato trattato in questo capitolo e di cui vorreste parlare?

B. L'INTERVISTA

Intervistate un compagno e poi riportate i risultati alla classe.

1. Conosci qualcuno che abbia vissuto in prima persona la guerra del Vietnam (o del Golfo Persico, o della Bosnia...)? Racconta.

2. Con la televisione, la guerra e i suoi orrori sono entrati nelle nostre case. Secondo te, questo è un bene o un male? Spiega.

3. Temi grossi conflitti per il prossimo secolo?

4. Entreresti in guerra per una giusta causa? Quale?

5. In Italia esiste il servizio militare obbligatorio (*draft*). Cosa ne pensi? Lo accetteresti o preferiresti l'alternativa (come esiste in Italia) del servizio civile? O diventeresti obiettore di coscienza?

 C. CON LA PENNA IN MANO

Sei un regista e vuoi fare un film che abbia come tema centrale la guerra. Quale aspetto metteresti in evidenza? Di cosa non parleresti? Chi sarebbero i tuoi personaggi principali? Prova a tracciare a grandi linee la storia del film.

ESEMPIO: Ho letto molti articoli sulla guerra in Yugoslavia e mi piacerebbe raccontare la storia dei profughi (*refugees*) in Italia nei campi di assistenza...

Capitolo 5

Mestieri, lavori

La raccolta del fieno, *Giovanni Segantini (1858–1899). (Collezione privata).*

Lavori, mestieri, professioni, carriere... parole diverse per nominare l'attività che ci lega° al mondo che ci circonda°, che ci permette di stabilire rapporti particolari con alcune persone che chiamiamo colleghi, o con persone che non vediamo e non conosciamo ma che sono il nostro pubblico° ideale (è questo il caso di artisti, scrittori, e di tutti coloro che, sempre più spesso, lavorano, da soli, davanti ad un computer...).

Ovviamente possiamo guardare al lavoro in molti modi, dal punto di vista sindacale e politico, per esempio, e allora la situazione è molto diversa da paese a paese. In Italia è oggi in discussione, seguendo° l'esempio della Francia, la riduzione dell'orario di lavoro a trentacinque ore la settimana per risolvere il problema della disoccupazione. Gli industriali protestano e affermano che la flessibilità richiesta oggi dal mercato del lavoro non si concilia° con la riduzione d'orario, ma le sinistre° non sono d'accordo e hanno ottenuto di inserire questa proposta nel piano di ristrutturazione economica prevista° per l'entrata nell'Unione Europea.

Altre riforme all'ordine del giorno° per mettere l'Italia al passo con° l'Europa sono: la liberalizzazione di molte attività, a partire dal° commercio (meno licenze e burocrazia per aprire negozi, ristoranti...), la lotta all'evasione fiscale e alla corruzione, l'eliminazione del lavoro nero°, la creazione di posti di lavoro per i giovani, la riforma delle pensioni. Su questo ultimo punto il dibattito è molto «vivace». C'è chi pensa che le pensioni siano troppo generose e l'età pensionabile troppo bassa. C'è chi pensa che chi ha lavorato tutta la vita abbia diritto ad una vecchiaia decorosa e che, soprattutto per i redditi° più bassi, le pensioni non debbano essere toccate.

Nella narrazione, letteraria o cinematografica, il lavoro è inserito in un'ottica° molto diversa: è uno degli elementi che l'autore usa per descrivere una situazione economica e sociale, ma, più spesso, per costruire l'identità del personaggio, per raccontarci la sua vita, le sue scelte, il suo destino. Tra i romanzi recenti: *Il dipendente*, (1995), di Sebastiano Nata, il cui protagonista è «l'uomo che ha rinunciato ad ogni libertà interiore per difendere il suo posto in un'azienda° internazionale di carte di credito.» L'unica realtà è «la lotta squallida° ed animale» per sopravvivere. Secondo il critico Marco Lodoli «Nessuno ancora ci aveva raccontato cosa muore dietro i vetri specchiati° dei palazzi dove i soldi comandano.»

Molto diversa la funzione del lavoro in *Seta*, (1996), di Alessandro Baricco, uno dei romanzi più letti e più amati degli ultimi anni. In uno stile essenziale e poetico, come quello delle fiabe°, Baricco racconta la storia ottocentesca° di un compratore di uova di bachi da seta°. Il lavoro lo porta in paesi lontani, alla scoperta di mondi e di desideri sconosciuti. Il lavoro è qui strumento casuale di un viaggio reale e metaforico, di un cambiamento senza ritorno.

In questo capitolo vedremo prima un articolo di Tiziano Sclavi sul mestiere di scrittore, poi un racconto di Francesco Piccolo e infine una scena del film *La scorta*° di Ricky Tognazzi che tratta di un lavoro decisamente particolare: la scorta di un giudice° che indaga° sulla mafia siciliana.

---

ci lega ... ties us / *ci circonda* ... surrounds us / *pubblico* ... audience / *seguendo* ... following / *si concilia* ... reconciles / *le sinistre* ... left-wing parties / *prevista* ... expected / *all'ordine del giorno* ... on the agenda / *al passo con* ... in step with / *a partire da* ... starting with / *lavoro nero* ... underground economy / *redditi* ... incomes / *ottica* ... perspective / *azienda* ... firm / *squallida* ... dreary / *specchiati* ... mirrorlike / *fiabe* ... fairy-tales / *ottocentesca* ... set in the nineteenth-century / *bachi da seta* ... silkworms / *scorta* ... escort / *giudice* ... judge / *indaga* ... is investigating

AL QUESTIONARIO!

Rileggi l'introduzione e poi rispondi. Frasi complete!

1. Perché in Italia si propone la settimana lavorativa di trentacinque ore?
2. Quali altri problemi riguardanti il lavoro sono in discussione oggi in Italia?
3. Quali sono le diverse posizioni sul problema «pensioni»?
4. Di che cosa tratta il romanzo di Sebastiano Nata?
5. Di che cosa tratta il romanzo *Seta*?

 ## TUTTI NE PARLANO

Quali sono i problemi di lavoro di cui sentite più spesso parlare? Orari impossibili? Stipendi bassi? Mancanza di sicurezza? Poche gratificazioni? Discriminazione? Abusi? Lavorando in piccoli gruppi scambiate idee e poi confrontate con il resto della classe.

PRIMA SEZIONE: NEI GIORNALI E NELLE RIVISTE

Nell'articolo che segue, «Non ditelo a mia madre che faccio lo scrittore», l'autore Tiziano Sclavi parla delle fatiche (*hardships*) del mestiere di scrittore — dal suo primo romanzo, scritto da studente alle scuole medie, alle sue recenti pubblicazioni —.

Non ditelo a mia madre che faccio lo scrittore

Di Tiziano Sclavi

Ho scritto il mio primo romanzo alle medie, in prima o seconda. Era un western, si intitolava *Il padrone di Sacramento.* Forse l'ho scritto perché da

Angelo Stano

Tiziano Sclavi

Ha creato Dylan Dog *e* Dellamorte Dellamore. *Il suo nuovo romanzo, pubblicato a marzo da Giunti, si chiama* Le etichette delle camicie.

grande volevo fare lo scrittore, o forse perché mi piacevano gli western (come si diceva allora che l'inglese non era ancora padrone...e non lo sapevamo mica che si diceva «i» western. Non ne sono tanto sicuro neanche adesso, a dire la verità).

    Il secondo romanzo, poco dopo, mi ricordo bene perché l'ho scritto: perché da grande volevo fare lo scrittore, certo, ma soprattutto perché mi piaceva 007. Ogni tanto ci penso e mi dico ecco, volevo fare lo scrittore perché avevo letto tutto quello che c'era da leggere su 007, e siccome ne volevo an

5   cora me lo sono scritto da me. E mi ricordo il sorriso pietoso° di mia madre   pitiful smile

quando l'ha letto. E forse ho continuato a scrivere per riuscire un giorno a dare una sberla° a quel sorriso.   slap

    Comunque non avevo molta pazienza. Un romanzo volevo finirlo in giornata. Li chiamo romanzi ma saranno stati raccontini, al massimo° un quaderno°.   at the most / notebook

10 Disegnare era più gratificante: lì sì che ero sicuro di finire in giornata, e poi di vedermi quello che avevo fatto. Tentavo° anche lavori manuali, tipo rilegare°   I would try / to bind

libri o costruire la torre Eiffel col traforo°. Non credo di essere mai arrivato   drill

neanche al primo piano della torre, e la mia carricra di rilegatore è finita quando ho fatto cadere un barattolo° da cinque chili di supercolla° sul pavimento.   tin / superglue

15   **P**oi volevo fare i fumetti°, scriverli e disegnarli. Siccome amavo il di   comic strips

segno ho ritenuto° giusto, in seguito, scriverli soltanto.   thought

    Tra fumetti e romanzi, ho incominciato presto a lavorare. Lavoravo come un dannato. Scrivevo qualsiasi cosa, bastava scrivere...

    Migliaia di pagine, notte e giorno, sabato e domenica. Avevo imparato

20 da solo a battere a macchina°, con due dita. Non gli indici°, questo causa an   to type / forefingers

cora un certo imbarazzo quando mi chiedono con quali dita scrivo e io mostro i pugni° chiusi e i medi° alzati. La macchina da scrivere (ma sì, lo so che, si dice «per scrivere») fumava quasi come me. E bevevo un sacco°. Volevo diventare il grande scrittore alcolizzato. Almeno metà obiettivo l'ho raggiunto°,

25 e mi è costato anni di riunioni dagli Alcolisti Anonimi. Credevo che senza bere non sarei più stato capace di scrivere, ma mi sbagliavo. Non ero *mai* stato capace.

E intanto il piacere diminuiva e la fatica aumentava. Le macchine da scrivere (ma sì, lo so) diventavano elettriche ed elettroniche, e alla fine è ar-

30 rivato il computer. Peggio, molto peggio. Una volta era l'angoscia del foglio bianco, che però almeno stava zitto. Adesso c'è anche il cursore che lampeggia° e dice scrivi, scrivi, scrivi.

Forse il problema è fare della propria passione il proprio lavoro...

Voler scrivere è una cosa, dover scrivere è un'altra. Dovevo dar retta° a

35 mia madre: a un salumiere mica gli chiedono di inventarsi il prosciutto, è già lì e lo deve solo tagliare.

L'ansia di vedere in giornata il mio prodotto finito non mi ha mai abbandonato. Mi capita pochissime volte di riuscirci. Normalmente faccio cose che ci vuole almeno un mese (una storia di Dylan Dog di un centinaio

40 di pagine). E per un romanzo sei mesi, un anno, due anni. E non so più che cosa prevale: se il piacere di essere immerso a lungo in un'avventura o l'angoscia di dovermela costruire giorno per giorno se voglio vedere come va a finire.

Per poi scoprire che la storia non conta niente, e riesco ad andare avanti

45 solo se trovo il *linguaggio* giusto. Non racconto storie, racconto il modo di raccontarle. L'affare si complica: ogni parola, ogni virgola, diventano personaggi, ai quali mi affeziono° più che ai mostri di turno°...

Storia e linguaggio sono già una bella rottura°, ma se poi ti accorgi° che la tua visione della vita è limitata al problema delle etichette° delle cami-

50 cie che pungono° ti demoralizzi un po'.* O forse no. Perché poi? Una volta Lucy ha detto a Snoopy: «Per scrivere un grande libro ci vuole un grande tema». E lui si è messo sulla cuccia°, alla macchina da scrivere (ma sì), e ha scritto *Il bracchetto.* Se penso che Snoopy è un gigante della letteratura mondiale di tutti i tempi, un po' mi consolo. Però se poi penso che Thomas

55 Mann ha scritto *I Buddenbrook* a venticinque anni prendo il computer e lo butto dalla finestra.

Storia, linguaggio e tema, e alla fine non sai neanche se sarai pubblicato, è arrivata la fase più faticosa. E se anche ti pubblicano vogliono metterci il naso, e raramente il lettore comune potrà giudicare quello che veramente

fists / middle fingers	
a lot	
achieved	
flashes	
to listen to	
I get attached / on duty / nuisance / you realize / labels	
prick	
dog's bed	

Here the author Tiziano Sclavi refers to the title of his novel *Le etichette delle camicie (The labels of shirts).*

60 hai scritto tu, magari cambieranno solo una virgola, ma sarà sufficiente, il tuo romanzo non sarà più lo stesso, uno dei personaggi principali sarà stato uc- ciso°, cambiato, svuotato° di significato...

    E poi non solo scrivi, ma scrivi anche su quello che scrivi. Fai un pezzo come questo, e tanti, giustamente diranno ma guarda questo qui, scrive ro-
65 betta da quattro soldi° e la mette pure giù dura°, ma vada a fare il salumiere.

    Insomma, come diceva quel tale, scrivere è dura, ma è sempre meglio che lavorare. Non scrivere è meglio che scrivere.

killed / emptied

worthless stuff / makes such a big deal about it

IN CLASSE

 ## A. PRIME IMPRESSIONI

Rileggi l'articolo e poi rispondi a queste domande:

1. Racconta con una o due frasi di cosa parla l'articolo.

2. Per Tiziano Sclavi scrivere è un lavoro? Un piacere? Un dovere? Una passione? Una fatica?

3. È frustrante fare lo scrittore secondo Sclavi? Per quali ragioni?

4. Descrivi lo scrittore/autore con due o tre aggettivi.

5. Come hai trovato il linguaggio dell'articolo? Polemico? Sarcastico? Tecnico? Parlato? Puoi dare degli esempi di linguaggio parlato nel testo?

6. Qual è stata la tua prima reazione alla lettura dell'articolo? Ti ha fatto sorridere? Arrab- biare? Pensare? O ti ha lasciato indifferente? Spiega.

 ## B. SOLO PAROLE

Le parole della colonna *A* sono prese dal testo. A quali parole e definizioni della colonna *B* le assoceresti? Incomincia con le parole più semplici. Lavorate in coppia.

A	B

Nomi

1. medie   _____ dominatore assoluto
2. materia   _____ chi legge
3. padrone   _____ disciplina/oggetto di studio
4. salumiere   _____ venditore di salumi
5. lettore   _____ scuole dopo le elementari
6. personaggio   __6__ attore della narrazione

Aggettivi e altre espressioni

1. da grande   _____ dopo
2. gratificante   _____ importante
3. in seguito   __5__ duro
4. significativo _____ che dà soddisfazione
5. faticoso   _____ quando si è adulti

Verbi

1. sbagliarsi   _____ scoraggiarsi
2. giudicare   _____ avere torto
3. complicarsi   _____ formulare un giudizio
4. demoralizzarsi _____ diventare difficile
5. consolarsi   __6__ gettarsi
6. buttarsi   _____ confortarsi

 C. LA SUPERFICIE DEL TESTO

Le espressioni sottolineate sono prese dall'articolo. Sostituisci ogni espressione con una delle alternative elencate. Il senso della frase deve rimanere lo stesso. **Ansia, senza l'aiuto di nessuno, molto, creare, non parlava, pazzo, come, argomento.**

1. Tiziano tentava anche lavori manuali, *tipo* rilegare libri.

2. Lavorava come un *dannato* e beveva *un sacco*.

3. Aveva imparato *da solo* a battere a macchina, con due dita.

4. Tiziano dice che prima dell'arrivo dei computer, c'era *l'angoscia* del foglio bianco, che però almeno *stava zitto*.

5. A un certo punto lo scrittore dice che non sa più cosa prevale: se il piacere di immergersi a lungo in un'avventura o l'angoscia di doversela *costruire* giorno per giorno per vedere come va a finire.

6. Come Lucy dice a Snoopy: «Per scrivere un grande libro ci vuole un grande *tema*.»

 # D. TRA LE RIGHE

Qual è il significato di queste frasi? Scegliete l'interpretazione corretta lavorando con un compagno/una compagna.

1. «E mi ricordo il sorriso pietoso di mia madre, quando l'ha letto. E forse ho continuato a scrivere per riuscire a dare una sberla a quel sorriso.»
   a. ha continuato a scrivere per dimostrare a sua madre che aveva torto
   b. ha continuato a scrivere picchiando (*hitting*) sua madre

2. «Poi volevo fare i fumetti, scriverli e disegnarli. Siccome amavo il disegno ho ritenuto giusto, in seguito, scriverli soltanto.»
   a. voleva disegnare fumetti perché era più bravo a disegnare che a scrivere
   b. ha smesso di disegnare perché non era un grande disegnatore; ha continuato a scrivere

3. «La macchina da scrivere fumava quasi come me.»
   a. la macchina da scrivere era sempre rotta
   b. l'autore lavorava molto con la sua macchina da scrivere

4. «Dovevo dar retta a mia madre: a un salumiere mica gli chiedono di inventarsi il prosciutto, è già lì e lo deve solo tagliare.»
   a. doveva ascoltare sua madre che diceva che i salumieri hanno inventato il salame
   b. sua madre aveva ragione: fare il salumiere è più facile

5. «E se anche ti pubblicano vogliono metterci il naso, e raramente il lettore comune potrà giudicare quello che veramente hai scritto tu...»
   a. gli editori non cambiano mai niente e il lettore legge sempre il testo originale
   b. gli editori cambiano spesso molte cose del testo originale; il lettore non sempre legge quello che ha scritto l'autore

6. «Fai un pezzo come questo, e tanti, giustamente, diranno ma guarda questo qui, scrive robetta da quattro soldi e la mette pure giù dura, ma vada a fare il salumiere.»
   a. l'autore, parlando del suo articolo, immagina seriamente che il lettore dica: «questo è uno scrittore bravo che scrive cose difficili... è meglio di un salumiere!»
   b. l'autore, parlando del suo articolo, ironicamente immagina che il lettore pensi: «questo scrittore scrive cose senza valore e si lamenta anche... è meglio che faccia il salumiere!»

 # E. DUE MINUTI DI GRAMMATICA

Completa il paragrafo con il «presente del verbo riflessivo» in parentesi.

Il primo romanzo di Tiziano Sclavi _____ (intitolarsi) *Il padrone di Sacramento*. Molte volte Tiziano _____ (interrogarsi) sul perché di quel suo primo Western. Invece (lui) _____ (ricordarsi) bene perché ha scritto il suo secondo romanzo: perché voleva fare lo scrittore. Quando scrive Tiziano _____ (sentirsi) vivo, ma allo stesso tempo _____ (frustrarsi). È difficile costruirsi una storia giorno per giorno. Molti altri scrittori come Tiziano _____ (affezionarsi) ai loro personaggi, ma poi _____ (accorgersi) che le loro storie non saranno mai pubblicate esattamente come le hanno scritte e allora _____ (demoralizzarsi). Alla fine però, proprio come Tiziano, _____ (consolarsi) con questo pensiero: «scrivere è dura, ma è sempre meglio che lavorare».

A CASA

 # A. SECONDO ME...

In preparazione alla discussione in classe di domani rifletti su questi punti facendo riferimento all'articolo:

1. Cerca nel testo tutte le affermazioni che mettono in evidenza lo stato d'ansia e di frustrazione dello scrittore.

2. Pensi che l'angoscia sia uno stato d'animo tipico di chi scrive o comunque dell'artista in generale? Qual è la tua definizione di artista?

3. Leggi questa frase:
   «L'ansia di vedere in giornata il mio prodotto finito non mi ha mai abbandonato...» Commenta l'idea di «prodotto finito». Anche per te è importante vedere subito il risultato del tuo lavoro?

4. Sei d'accordo con questo pensiero di Sclavi? Spiega.
   «Forse il problema è fare della propria passione il proprio lavoro.»

5. Secondo te, quali sono i requisiti per essere un bravo scrittore? Saper scrivere bene è un dono (*gift*) di natura? O si può imparare?

B. CON LA PENNA IN MANO

Immagina di essere uno scrittore/una scrittrice. Devi scrivere un racconto (o un articolo) che tratti del tema «lavoro». Il tuo redattore (*editor*) vuole leggerlo. Scrivi due pagine.

ESEMPIO: Racconto.
Ogni volta che Leo tornava a casa dal lavoro, per prima cosa si sedeva su una vecchia sedia di legno in cucina e diceva a sua madre: «Eh sì... il lavoro debilita l'uomo e lo rende simile a una bestia!». La sua famiglia era ormai abituata a questa routine...

IL GIORNO DOPO: SCAMBIO DI IDEE

A. CONFRONTATE

In gruppi di tre o quattro confrontate le risposte alle domande preparate a casa.

B. PARLATE VOI!

I vostri compagni/le vostre compagne di classe diventano i redattori/le redattrici (*editors*) della vostra casa editrice (*publishing house*). Leggete ad alta voce la storia che avete scritto a casa e poi chiedete ai «redattori» di commentare.

Possibili domande per iniziare la conversazione:
1. Vi è piaciuto il racconto/l'articolo?
2. Avete seguito facilmente la storia?
3. Pubblichereste la storia così com'è o c'è qualcosa che cambiereste?

SECONDA SEZIONE: NELLA LETTERATURA

L'autore

Francesco Piccolo è uno dei nuovi autori italiani. Nato a Caserta nel 1964, vive e lavora a Roma. Collabora alle pagine letterarie di due quotidiani, *il manifesto* e *Il Mattino*. Il suo primo libro, *Scrivere è un tic. I metodi degli scrittori,* è stato pubblicato nel 1994. Il libro che vi presentiamo qui, *Storie di primogeniti e figli unici*, pubblicato da Feltrinelli nel 1996, ha ricevuto risposte molto positive dai lettori e dalla critica ed è arrivato rapidamente alla terza edizione.

Un critico, Domenico Starnone, ha scritto di lui: «Francesco Piccolo è uno che, per vedere ben oltre° il proprio naso, il naso se lo guarda e se lo tasta° con comica volontà° esplorativa». Le sue storie partono infatti da dettagli apparentemente senza importanza, piccoli fatti di ogni giorno della sua infanzia e giovinezza, ma sotto la superficie del suo umorismo sottile si aprono improvvisamente possibilità di riflessioni profonde.

Il libro: *Storie di primogeniti e figli unici*

Quali sono le esperienze che ci fanno crescere, che ci fanno pensare, che ci fanno prendere una strada piuttosto che° un'altra? Francesco Piccolo le mette insieme, senza ordine di tempo o di importanza, in racconti separati, quadri di vita che insieme formano una specie di *bildungsroman*, di «romanzo di formazione» in una piccola città del Sud: la madre che raccomanda° al figlio maggiore di tenere per mano il fratellino e di non lasciarlo mai dalla parte della strada, una conversazione tra padre e figlio, un'amicizia d'estate, una fuga° in America, lungo il fiume Volturno, senza una barca... Nel racconto che segue, «Il lavoro che avrebbe voluto fare», un episodio banale diventa l'origine di una «teoria» sul lavoro.

oltre ... beyond / *tasta* ... touches / *volontà* ... desire / *piuttosto che* ... rather than / *raccomanda* ... warns / *fuga* ... escape

Crescere in una piccola città del Sud.

 # AL QUESTIONARIO!

Rileggi rapidamente l'introduzione sull'autore e sull'opera, poi, lavorando con un compagno/una compagna, completa il questionario.

1. Cosa significa l'espressione «vedere oltre il proprio naso»?

2. Puoi ripetere in altre parole il commento del critico Domenico Starnone?

3. Di che cosa parla Francesco Piccolo nei suoi racconti?

4. Di che cosa tratta secondo te un «romanzo di formazione»?

5. Pensi di aver letto «romanzi di formazione» stranieri o americani? Quali?

TUTTI NE PARLANO

La scelta del lavoro, della carriera, è una tappa fondamentale nella vita di tutti. Lavorando in piccoli gruppi parlate del lavoro che fate o che pensate di fare. Confrontate poi con il resto della classe.

Possibili domande per la discussione:
1. Con quali criteri hai scelto il tuo lavoro? Passione? Denaro?
   Suggerimenti di famiglia o amici?...
2. Qual è secondo te la funzione principale del lavoro? Che cosa deve soddisfare?
3. Pensi che ci siano lavori migliori di altri? In che senso?

Il lavoro che avrebbe voluto fare

Gli dicevano sempre che era uno sfaticato°. Sei uno sfaticato, sei pro-   lazy
prio uno sfaticato. La madre, specialmente: lo vedi che sei uno sfaticato?

Litigavano tutti i giorni all'ora del pranzo. Perché gli chiedeva di ap-
parecchiare° la tavola. È ora di apparecchiare, gli diceva. E quando glielo   to set the table
5   diceva lui stava già facendo un'altra cosa, una cosa importante, era impegnato, non poteva darle retta. Non poteva apparecchiare. Lei si arrabbiava. Lo
vedi che ho ragione, che sei uno sfaticato?

Questo. Tutti i giorni all'ora del pranzo.

Allora la madre lo chiedeva a un altro dei figli. Anche se era compito di
10   quello sfaticato.

Ma lui ora non ce la faceva più, questa era la verità. Lo aveva fatto per
lungo tempo, secondo i patti°. Aveva apparecchiato la tavola tutti i giorni, con   according to (their) agreement
la cura° e i criteri che gli aveva insegnato lei. Toglieva il vaso e il centro-   care
tavola, e poi gli altri oggetti che stavano sulla tavola, e li metteva sul ripiano
15   del mobile. Dal primo cassetto° dello stesso mobile prendeva la tovaglia°, e   drawer / table cloth
con un gesto ampio e ogni volta più sicuro e veloce la faceva volare, fino a
quando si posava morbidamente° sul ripiano. Poi la aggiustava° negli angoli   softly / arranged
per ottenere la stessa lunghezza su ogni lato°. Con le mani premeva° forte   side / pressed
sulle pieghe°, cercando di stirarle° il più possibile. Poi metteva i piatti: il piat-   pleats / flatten them
20   to piano, e sopra il piatto fondo. Il bicchiere dell'acqua vicino al piatto verso
il centro della tavola e il bicchiere del vino, più piccolo, alla destra dell'altro

— ma solo per i genitori: per sé e per i fratelli metteva soltanto il bicchiere più grande. Le due forchette — o una forchetta e un cucchiaio, se era giorno di minestra — alla sinistra del piatto. Il coltello alla destra, sopra il tovagliolo 25 piegato° con cura a forma di triangolo. Quindi tagliava il pane, a fette sottili come piaceva a tutti, e lo aggiustava in un cestino di vimini° ricoperto da un tovagliolo di carta. Posava il cestino al centro della tavola, e vicino metteva la bottiglia dell'acqua e la bottiglia del vino. Infine in un angolo vuoto, metteva un aggeggio° di vetro con olio, aceto, sale e pepe. Ogni movimento era ordi-30 nato ed elegante, anche quando era diventato meccanico per l'abitudine. L'eleganza era dettata da una logica. Ed era pure bella la tavola apparecchiata a quel modo. Però.

Però, quando aveva finito, la madre urlava: «a tavolaaa!» e lui si vedeva assalito dal padre, dai fratelli che rumorosamente spostavano° le 35 scdie, spiegavano i tovaglioli facendo saltare il coltello° — ogni volta, ogni volta, mai nessuno che toglieva il coltello prima di prendere il tovagliolo, mai, lo tiravano da sotto e il coltello saltava, e spesso cadeva a terra; riempivano i bicchieri fino all'orlo, facendo cadere chiazze° d'acqua o piccole gocce° di vino rosso, e non rimettevano le bottiglie nel posto dove si era già 40 formato il cerchio segnato dal fondo, mai, mai, ogni volta facevano cerchi nuovi; con i gomiti°, poi, increspavano la tovaglia, e per il fastidio la tiravano chi da una parte chi dall'altra. E pure la madre ci si metteva: portava la pentola a tavola, in quella posizione che non era mai cambiata, piegata in avanti° e con passo corto e veloce, urlando di spostare quel piatto, il cestino 45 del pane, la bottiglia del vino; fate spazio, fate presto che scotta°; e la pentola scottava per davvero, fumava e si vedeva, bisognava far presto, sembrava ogni volta che fosse sul punto di cedere e lasciarla cadere a terra. E ce la facevano sempre per un soffio° a farle spazio, a giudicare dal modo in cui lei lasciava cadere la pentola sulla tavola, soffiando° con forza sulle mani e trat-50 tenendo° imprecazioni.

Venti secondi dopo averlo terminato, il suo lavoro era sparito, e nessuno ne teneva conto. Perché era proprio così che doveva andare. E il giorno dopo avrebbe dovuto ricominciare da capo. Con cura ed eleganza.

Così, un giorno, poco prima dell'ora in cui la madre lo avrebbe chiama-55 to ad apparecchiare la tavola, si mise a fare un'altra cosa. E quando la madre lo chiamò rispose che era impegnato e non poteva apparecchiare. Da quel giorno, fece così tutti i giorni. Lo vedi che ho ragione, urlava la madre, lo vedi che sei uno sfaticato? Ma dcl resto glielo aveva sempre detto, fin da piccolo, e sapeva che avrebbe continuato a dirlo. Quindi, non è che ci facesse più caso.

60 Poi, un pomeriggio che gli era sembrato un pomeriggio qualsiasi, scoprì di non essere uno sfaticato.

Glossario marginale:

- folded
- wicker basket
- object
- moved
- making the knife jump
- spots
- drops
- elbows
- leaning forward
- because it's hot
- by the skin of (their) teeth
- blowing
- holding back

Accadde una cosa piccola, in un corridoio stretto di un ospedale appena rimesso a nuovo. Non importa° quale ospedale, in quale strada della città. Non importa se era andato a trovare un amico che aveva fatto un incidente o un

65 parente appena operato. Non importa. Era un corridoio bianco, appena riverniciato°, con quell'odore che prende allo stomaco, con porte tutte da un lato, e finestre dall'altro. L'odore di vernice dava al corridoio un aspetto più candido, se non fosse stato per minuscole macchie° bianche malcontenute, che chiazzavano i bordi delle porte grigie. E se non fosse stato per un cavo° elet-

70 trico penzolante°. Quei cavi che rimangono fuori dalle combinazioni senza un motivo apparente. Le porte macchiate non importano. Il cavo, sì. Quello importa. Perché appena entravi nel corridoio, da una parte o dall'altra, o se uscivi da una qualsiasi delle porte grigie, lo vedevi. Non potevi fare a meno di farci caso°. Penzolava, ed era l'unica cosa fuori posto in quel corridoio; sì,

75 anche le macchie di vernice bianca sulle porte grigie, ma erano piccole e dovevi cercarle, insomma potevi non farci caso. Al cavo penzolante, ci facevi caso. E tutti quelli che lo vedevano, i parenti o gli amici dei ricoverati°, i ricoverati stessi che in barella e con la flebo o la maschera d'ossigeno andavano in sala operatoria o nel reparto di radiologia — anche loro lo vedevano, e anzi

80 loro di più perché spinti su una barella°, per forza di cose guardavano in alto — tutti, proprio tutti pensavano, anche solo per un attimo pensavano «bisognerebbe mettere a posto quel cavo». Il primario° si fermava a fare il punto della situazione nel bel mezzo del corridoio, con medici e infermieri che lo accerchiavano, e diceva: «e poi trovate qualcuno che metta a posto quel

85 cavo». Gli infermieri lo riferivano all'inserviente° di reparto, che però ci aveva già pensato, e ogni volta che attraversava il corridoio diceva tra sé e sé: «non devo dimenticare di mettere a posto quel cavo». Poi si sa, il tempo passa; e le giornate passavano, l'inserviente di reparto se lo scordava; lo ricordava soltanto ogni volta che lo vedeva, ma una volta non aveva la scala a por-

90 tata di mano, un'altra aveva da fare, un'altra ancora era così nervoso che figurati se poteva mettersi a pensare a un cavo elettrico; e rimandava. Perché se pure dava nell'occhio quel cavo penzolante nel corridoio appena riverniciato, non era poi una cosa importante, o impellente. Si poteva lasciar perdere, insomma. Del resto anche il primario, che pure era un tipo che si arrabbiava

95 facilmente, ripassando in quel corridoio non alterava la voce quando diceva quasi per abitudine: «vi ho detto di far mettere a posto quel cavo». Gli infermieri lo riferivano di nuovo all'inserviente di reparto, ma quando lo incontravano nel corridoio. Altrimenti lasciavano perdere.

Appena fuori dal corridoio, vide una signora con un camice azzurro che

100 puliva i vetri di una finestra. Accanto, teneva una scala. La scala serviva per pulire i vetri più in alto. Chiese la scala alla signora. Gliela riporto subito,

it doesn't matter

repainted

stains

cable

dangling

to notice it

patients

stretcher

head physician

attendant

disse. La aprì sotto il cavo penzolante. Salì. All'inizio con cautela°, poi,   cautiously
quando vide che la scala teneva, con decisione. Prese il cavo. Non se la sentiva
di sradicarlo, aveva paura che potesse succedere qualcosa. Allora lo infilò°   inserted
105 nello spazio del passante° che teneva gli altri fili lungo il muro. Così. Forzò   loop
un po'. Tirò. Il cavo non penzolava più. Scese e riportò la scala alla signora.
Grazie, disse.

    Ora non è che pensava che fosse una cosa definitiva — lo era abba-
stanza, voleva dire, non del tutto —, del resto lo sapeva che non ce n'erano di
110 cose del tutto definitive. Però.

    Però sarebbe durato°, ecco. Forse fino alla prossima rimozione dei cavi,   would have lasted
forse fino alla prossima riverniciatura del corridoio. Dell'ospedale, anzi. Probabilmente. Quel piccolo lavoro — questione di un attimo: era salito sulla scala,
aveva infilato il cavo nel passante e aveva tirato — sarebbe durato anni. Anni in
115 cui nessuno sguardo in quel corridoio sarebbe stato infastidito da un cavo penzolante. Anni. Gli sembrava di aver fatto una buona cosa. Gli sembrava di non
essere uno sfaticato, e non gli importava se non lo era più o se non lo era mai
stato. Durante il resto della giornata sentì sempre sotto il palato un sapore
buono, che ogni tanto scendeva in gola, e poi la gola si liberava di intoppi° e ac-   obstacles
120 coglieva aria. Sentiva aria quel giorno. E poi anche nella mente c'era qualcosa
di nuovo: se si distraeva, attratto dai gesti quotidiani°, la mente lo richiamava   daily
come se ci fosse bisogno di ricordare, e lui si fermava a cercare cosa doveva ricordare. E allora gli veniva: il cavo. Il fatto del cavo. Quello. E subito dopo sentiva quel sapore buono sotto il palato. Quella notte dormì bene. Proprio bene.

125   Il giorno dopo, quando si svegliò, decise che era quello il genere di lavoro che avrebbe voluto fare. No, non mettere a posto cavi penzolanti, non
solo quello almeno: si sarebbe prodigato° per mettere a posto delle cose defini-   would have done
tivamente, e se non definitivamente, almeno per un po' di tempo — per un bel   anything he could
po' di tempo, tanto che non fosse possibile quantificare. Così. Se gli avessero
130 detto: quel cavo va tirato su per tre anni, o anche per cinque, probabilmente
avrebbe lasciato perdere. Non poteva sopportare di sapere che un certo giorno
di cinque anni dopo, un giorno anche lontano ma preciso, il suo lavoro
sarebbe stato invalidato. Non gli stava bene. Non lo doveva sapere per quanto
tempo durasse quel lavoro, perché se non lo avesse saputo, avrebbe potuto
135 pensare credere sperare che durasse per sempre. E se non per sempre, per
chissà quanti anni. Questo doveva pensare per fare un lavoro del genere.

    La tavola, l'apparecchiasse un altro. La spesa al supermercato, andasse
a farla un altro°. E la madre pensasse pure che era uno sfaticato. Ma non   let someone else do
l'avrebbe convinto a girare per i corridoi di un supermercato per comprare,   it
140 comprare e comprare, riempire buste e buste di roba che dopo qualche giorno
andava ricomprata perché era stata consumata. Tutta. Questo no.

Non avrebbe mai spazzato via la polvere°, né avrebbe pagato le bollette del gas o del telefono — non sopportava le scadenze mensili, gli affitti, le rate. Nemmeno le lampadine fulminate° cambiava, sebbene durassero tanto, perché sapeva che le nuove si sarebbero fulminate ancora, un giorno o l'altro. Era troppo sicuro che accadesse. E non voleva essere così sicuro.

Lo attraevano i traslochi°, invece. Ecco, quelli sì. Si offriva per dare una mano, ogni volta che veniva a sapere che c'era da fare un trasloco. Parenti, amici, amici degli amici, e dopo un po' anche gente estranea. Fino a quando non gli riuscì di lavorare con una ditta «Trasporti e traslochi». Non fu assunto, ma se c'era bisogno lo chiamavano. Gli piaceva quel lavoro. Sì. Però.

Però dava la sua disponibilità° soltanto dopo essersi assicurato che la famiglia in questione si trasferiva in una casa di proprietà. Allora si impegnava con entusiasmo, perché non poteva fare a meno di immaginare che gran parte di quei mobili, forse non tutti, ma una gran parte sì, sarebbero stati collocati su lati e angoli di stanze di quella casa e lì sarebbero rimasti per anni, per decenni, ed è possibile pure: per generazioni. Così immaginava. In ogni caso, per un tempo lungo e indeterminato. Non poteva mancare di partecipare a un evento del genere, e lo sfaticato faticava, e come, faticava fino a sentire dolori sulla superficie di ogni muscolo, fino a sentire per davvero quella debolezza° di cui aveva sentito parlare tante volte, ma che non aveva mai provato perché si sente soltanto quando si lavora duro, oltre lo stremo delle forze°, trasportando uno dietro l'altro pesi insostenibili°. Alla sera si accasciava° sul letto, e un attimo prima di addormentarsi pensava, pensava e sentiva quel sapore sotto il palato, ma doveva far presto a pensare e a sentire perché il sonno lo catturava in fretta, e pensava a quella casa arredata così, per anni, decenni, forse per semp... e si addormentava di un sonno profondo, ritmato, lungo e felice, felicissimo, così pieno da essere vuoto, e se la madre non avesse avuto pregiudizi si sarebbe commossa a vederlo dormire così — quasi non si sarebbe voluto svegliare più, tanto quel sonno era profondo e felice, tanta era la soddisfazione della giornata che lo aveva preceduto, che sembrava impossibile poter trovare al risveglio altri giorni così, no, quasi veniva voglia di non svegliarsi più, di dormire per sempre quel sonno pieno, morire forse, anche morire andava bene, se poco prima aveva compiuto azioni così, come dire, così definitive.

Restava ore, ogni giorno, a guardare i muratori° alzare impalcature°, e gli sembrava un lavoro talmente straordinario che non ebbe mai il coraggio di chiedere se poteva dare una mano; allora metteva in ordine biblioteche, appendeva quadri alle pareti, riparava oggetti, restaurava mobili, montava le tende e gli infissi, faceva impianti luci, aiutava i nonni a piantare gli alberi nella casa di campagna anche se non voleva saperne della semina° e della raccolta° nei campi, e quando gli dicevano che anche quello era importante

dust

burnt out

moving

availability

weakness

beyond the limit of his strength
unbearable / fell weakly

bricklayers / scaffoldings

sowing
harvest

rispondeva che lo sapeva, certo che lo sapeva, non c'era bisogno che gli spie-
gassero quanto fosse importante fare la spesa al supermercato o apparecchiare
la tavola decentemente, soltanto che non era quel genere di lavoro che voleva
185 fare lui. Ecco. Soltanto questo. Del resto, non comprava nemmeno l'albero di
Natale, spiegava, perché bisogna ornarlo di palle colorate e luci, tenerlo lì per
venti giorni e poi smontare tutto, rifarlo l'anno successivo e l'altro ancora, e
così tutti gli anni, ogni volta, per venti giorni, un mese al massimo. Poi basta.

Aveva voglia di occuparsi di altre cose. Progettava continuamente di
190 fondare un'impresa che facesse lavori che durano per sempre, o molto a lungo
— e non si sa quanto. Così, senza specificare altro. Le persone che gli stavano
intorno finirono per comprendere, e quando c'era da fare un lavoro che poteva
fargli piacere, lo chiamavano senza esitazione, perché sapevano pure che lo
avrebbe fatto bene. Prima però, discutevano a lungo se era il genere di lavoro
195 che avrebbe voluto fare. Per tutti era diventato divertente appassionarsi a di-
scussioni che riguardavano la differenza tra lavori definitivi e temporanei.

In seguito, si costruì una casa. Prese moglie. Mise al mondo dei figli. E
sua moglie, che gli voleva bene, non gli chiedeva mai di apparecchiare la
tavola o di andare a fare la spesa. Era un buon marito, sapeva fare tanti lavori
200 e le voleva bene. Si sentiva sicura con lui, perché sentiva che non l'avrebbe
mai abbandonata. Questo le bastava. E poi certe cose poteva farle lei.

La settimana scorreva° serena, e alla fine poteva contare di aver fatto   passed
un buon numero di lavori definitivi. Da quel giorno lontano in ospedale,
dormiva bene la notte. Proprio bene. Quando arrivava la domenica mattina
205 si svegliava un po' più tardi del solito, e si dedicava a rendere la casa ancora
più funzionale e accogliente°. All'ora del pranzo, arrivavano i genitori,   hospitable
come ogni giorno festivo. La madre con fatica si sedeva sulla poltrona e
guardava la moglie del figlio apparecchiare la tavola, mentre lui era chissà
dove. Pensava: è uno sfaticato, l'ho sempre detto io che è uno sfaticato, e
210 non cambierà mai. Osservava i nipoti con diffidenza°, era sicura che fossero   mistrust
dei maleducati°. Poi sentiva la nuora urlare dalla cucina: «a tavolaaa!», e al-   ill-mannered
lora si alzava dalla poltrona per fare spazio sulla tavola. Dalla cucina, come
prevedeva, arrivava la donna con passi corti e veloci, piegata in avanti per il
peso della pentola, che scottava, e come se scottava, e bisognava far presto
215 a spostare il cestino del pane, la bottiglia del vino. E ce la faceva la nuora,
ce la faceva come ce l'aveva sempre fatta anche lei: lasciava cadere la pentola sulla tavola, e si soffiava le dita, e chissà contro chi imprecava dentro di
sé. E intanto quello sfaticato chissà dove si era andato a cacciare°.   had gone to hide

IN CLASSE

 ## A. PRIME IMPRESSIONI

Dopo un'attenta lettura rispondi alle domande:

1. Quali sono i lavori che il protagonista non vuole fare? Perché?

2. Quali sono i lavori che lo soddisfano?

3. Qual è l'evento che fa capire al protagonista che non è uno sfaticato?

4. La madre cambia il suo giudizio sul figlio?

5. La situazione ti sembra comica o seria? In che senso?

 ## B. SOLO PAROLE

Quali parole della colonna *A*, prese dal testo, assoceresti logicamente con le parole o definizioni della colonna *B*? Nota che le parole della colonna B non sono sempre sinonimi. Procedi per esclusione e lavora con un compagno/una compagna.

A	B
Nomi	
1. patto	_____ filo
2. cura	__4__ braccio
3. mobile	_____ tipo
4. gomito	_____ bocca
5. cavo	_____ lavoro
6. palato	_____ attenzione
7. genere	_____ arredamento
8. fatica	_____ accordo

Aggettivi

1. impegnato   _____ insopportabile

2. definitivo   _____ che dura poco tempo

3. insostenibile   _____ occupato

4. profondo   _____ che dura per sempre

5. temporaneo   _____ ospitale

6. accogliente   _4_ non superficiale

Verbi

1. apparecchiare   _____ muovere

2. aggiustare   _5_ cambiare

3. posare   _____ succedere

4. spostare   _____ mettere

5. alterare   _____ preparare la tavola

6. accadere   _____ essere molto caldo

7. scottare   _____ mettere a posto

C. LA SUPERFICIE DEL TESTO

Rileggi attentamente il racconto e poi completa le frasi con le parole seguenti: **impalcature, definitivi, destra, a posto, triangolo, impegnato, abbandonata, tovagliolo.**

1. Quando apparecchiava la tavola Francesco metteva il coltello a _____ sopra il _____ piegato con cura a forma di _____.

2. Un giorno Francesco decise di non ubbidire alla madre, disse che non poteva apparecchiare perché era _____.

3. Tutti vedevano il cavo penzolante ma nessuno lo metteva _____.

4. Francesco decise di fare solo lavori _____.

5. Gli piaceva guardare i muratori alzare le _____.

6. La moglie sapeva che lui non l'avrebbe mai _____.

D. TRA LE RIGHE

Come presenta Francesco Piccolo le situazioni del racconto? E l'atteggiamento dei personaggi? Con un compagno/una compagna leggete le frasi che seguono e scegliete l'interpretazione che vi sembra corretta. Fate riferimento al testo. Confrontate poi con la classe.

1. «Ogni movimento era ordinato ed elegante, anche quando era diventato meccanico per l'abitudine.»
   a. Il figlio apparecchiava sempre la tavola con precisione e senso estetico.
   b. Il figlio apparecchiava meccanicamente, senza fare attenzione.

2. «E ce la facevano sempre per un soffio a farle spazio, a giudicare dal modo in cui lei lasciava cadere la pentola sulla tavola....»
   a. Non riuscivano a far posto sulla tavola in tempo e la pentola cadeva per terra.
   b. Riuscivano a far posto sulla tavola all'ultimo minuto e la pentola era salva.

3. «Non potevi fare a meno di farci caso. Penzolava, ed era l'unica cosa fuori posto...»
   a. Non potevi ignorare il cavo perché era molto evidente.
   b. Potevi non vederlo anche se penzolava.

4. «E poi anche nella mente c'era qualcosa di nuovo: se si distraeva, attratto dai gesti quotidiani, la mente lo richiamava come se ci fosse bisogno di ricordare... il cavo...»
   a. Anche quando era occupato nelle cose di tutti i giorni qualcosa nella sua mente gli faceva pensare al cavo.
   b. Quando era occupato nelle cose di tutti i giorni non pensava mai all'episodio del cavo.

5. «Però dava la sua disponibilità soltanto dopo essersi assicurato che la famiglia in questione si trasferiva in una casa di proprietà.»
   a. Era disponibile (per il trasloco) solo se la famiglia prendeva una casa in affitto.
   b. Era disponibile solo se la famiglia aveva comprato la casa.

6. «... se la madre non avesse avuto pregiudizi si sarebbe commossa a vederlo dormire così...»
   a. La madre non si commuoveva a vederlo dormire tranquillo dopo il lavoro perché non credeva alla sua fatica.
   b. La madre non aveva pregiudizi e si commuoveva a vederlo dormire felice.

E. DUE MINUTI DI GRAMMATICA

Ricordi i «pronomi relativi»? Completa scegliendo da questo elenco: **quello che, per cui, che, contro chi, chi, con la quale.**

C'era un motivo _____ il figlio non amava i lavori di casa. Gli amici

_____ lo avevano capito, lo chiamavano solo per lavori definitivi. La moglie

_____ (lui) aveva un buon rapporto, non si lamentava. Ma la madre non era d'accordo

con _____ pensavano gli altri. _____ aveva ragione? E _____

imprecava la moglie alla fine della storia?

A CASA

 ## A. SECONDO ME...

Per prepararti alla discussione di domani scrivi la tua risposta a queste domande e poi prepara tu una domanda per i compagni/le compagne sul tema o sullo stile del racconto.

1. Nel testo ci sono molte parole ed espressioni che si ripetono: però, però... mai, mai,... ogni volta, ogni volta,... Cercane altre e prova a capire la loro funzione.

2. Da che punto di vista è raccontata la storia? Sappiamo veramente cosa pensano i vari personaggi?

3. Il narratore secondo te simpatizza con il figlio? Con la madre? Con la moglie? Con tutti? Con nessuno? Spiega.

4. L'ultima scena coincide in molti punti con la scena in cui la madre porta la pentola in tavola. Quali sono le somiglianze, quali le differenze? Perché il narratore ripete questa scena?

5. Cosa pensi della penultima frase: «... e chissà contro chi imprecava dentro di sé?»

B. CON LA PENNA IN MANO

Ti piace fare i lavori di casa? O in generale lavori che vengono distrutti immediatamente? Pensi che tutti abbiano la possibilità di scegliere di non fare certi lavori? Da questa prospettiva pensi anche tu che il protagonista sia uno «sfaticato»? O no?

ESEMPIO: Io odio i lavori di casa e ricordo sempre le parole di mia nonna che diceva: «Il lavoro della donna dura solo due minuti...!»

IL GIORNO DOPO: SCAMBIO DI IDEE

 ## A. CONFRONTATE

In piccoli gruppi confrontate le risposte alle domande che avete completato a casa con quelle dei compagni/delle compagne. Poi confrontate con il resto della classe.

 ## B. PARLATE VOI!

Raccontate in classe quello che avete scritto nel tema. Poi chiedete al vostro pubblico di esprimere le sue impressioni. Ecco un esempio di domande che potete fare per sollecitare la discussione:

1. Qual è la vostra reazione alla parola «sfaticato»?
   È adatta o no a descrivere l'atteggiamento del protagonista del racconto?
2. Pensate di essere «sfaticati» o conoscete persone per le quali usereste questo aggettivo?

TERZA SEZIONE: AL CINEMA

Il regista

Ricky Tognazzi inizia la sua carriera nel cinema come attore e poi, nel 1988, gira il suo primo film, *Piccoli equivoci*. Secondo una tendenza tipica della seconda metà degli anni ottanta, questo film si svolge all'interno di uno spazio domestico, un

Il giudice e gli agenti nel film
La scorta *di Ricky Tognazzi.*

appartamento in cui le vite di diversi personaggi si incrociano, con le loro nevrosi e le loro insicurezze.

Ultrà (1991), è un film sulla generazione dei ventenni, sul loro bisogno di aggregarsi per rispondere al vuoto, alle paure, alle incertezze. In un periodo storico di crisi di ideali non è facile trovare risposte e la violenza può sembrare l'unico mezzo per affermare la propria identità.

Nel 1992 Ricky Tognazzi gira il suo capolavoro *La scorta.*

Il film: *La scorta*

Il film si apre con una frase: «Liberamente° ispirato ai fatti accaduti al giudice Francesco Taurisano e agli uomini della sua scorta». È una dichiarazione importante perché ci dice che la storia che qui si racconta non è finzione e nemmeno un fatto eccezionale. La lotta contro la mafia continua a fare molte vittime: diversi giudici sono stati uccisi e con loro gli uomini della loro scorta. Per chi sopravvive c'è sempre il rischio e la paura, per sé e per i propri familiari.

La prima scena del film è appunto la cronaca di uno di questi massacri: il giudice Rizzo e il maresciallo Virzi sono assassinati in macchina sotto la casa del padre. Un altro giudice, De Francesco, viene chiamato a sostituire Rizzo e gli viene assegnata una scorta di quattro uomini perché la sua posizione è ora molto pericolosa: deve continuare le indagini iniziate da Rizzo sulla complicità della mafia con le autorità locali. De Francesco scopre che la mafia usava come proprietà privata i pozzi d'acqua° e che, con la protezione dal sindaco,° vendeva a caro prezzo l'acqua ai cittadini. Il giudice confisca i pozzi e scopre altri legami tra la mafia e uomini politici del parlamento.

Liberamente ... loosely / *pozzi d'acqua* ... water wells / *sindaco* ... mayor

La scorta ha un'importanza fondamentale nel lavoro del giudice: lo protegge non solo dalla mafia, ma dai colleghi e dai capi che sono complici della mafia. Uno degli agenti, Angelo Mendolesi, è volontario, deciso a tutto per vendicare il maresciallo ucciso. Gli altri sono più incerti: fare la scorta è solo un lavoro, molto pericoloso. Ma l'esempio del giudice e di Mendolesi, il disgusto per la corruzione e la criminalità che non si ferma nemmeno davanti ai bambini, li trasforma, li rende tutti coraggiosi.

 # AL QUESTIONARIO!

Se non ricordi rileggi e poi completa il questionario.

1. Di che cosa tratta il film *Ultrà*?
2. Il film *La scorta* racconta una storia vera?
3. Perché è stato ucciso il giudice Rizzo?
4. Che cosa scopre il giudice De Francesco?
5. In questo film, gli agenti della scorta sono tutti volontari? Qual è il loro atteggiamento verso il lavoro?

 # TUTTI NE PARLANO

Quali sono secondo te i lavori più pericolosi? Li faresti personalmente o no? Perché? Lavorando in gruppi parlate di lavori rischiosi, esaminate i pro e i contro e motivate le vostre scelte. Riferite poi al resto della classe.

IN CLASSE

La scena del film che vedrete si svolge a Trapani, in Sicilia. Il giudice De Francesco e i ragazzi della sua scorta, Andrea, Fabio, Angelo e Raffaele, si trovano a casa di Andrea. Sono tutti seduti a tavola. Hanno appena finito di mangiare. Il giudice accende una sigaretta e comincia a parlare.

Se non avete il film a disposizione, saltate *A*, passate direttamente a *B* e rispondete solo alle domande in *C*.

 # A. PRIMA VISIONE

Guardate la scena del film (se ci sono sottotitoli, copriteli). Poi, con l'aiuto di un compagno/una compagna, riassumete in due o tre frasi quello che succede nella scena.

B. Il copione

Ecco riportato il dialogo della scena del film.

(A tavola, a casa di Andrea)

GIUDICE: Era molto tempo che mangiavo da solo. Fa piacere trovarsi con degli amici. Alla Procura°, lo sapete, le cose non vanno bene. C'è un'ostilità. Il presidente Caruso non è... non credo che sia disonesto. È
5   perfino peggio... È «terzo», come dite voi: uno che non sta né con la mafia né con quelli che la combattono.
(rivolto alla moglie di Andrea Corsale)
Grazie signora, magnifico tutto quanto!
(rivolto ad Andrea)
10   Avevi ragione Corsale, i pinoli sulla pasta ci volevano!
(continua a parlare con i ragazzi della scorta)
Io continuerò l'indagine° sui pozzi°... anche se Caruso me l'ha tolta°.

ANDREA: Lei sta continuando il lavoro del dottor Rizzo°. E noi continueremo quello del maresciallo Virzi°.
15   ANGELO: Il maresciallo aveva degli informatori e io uno l'ho incontrato. Ha fatto il nome di Mazzaglia.

GIUDICE: Ho bisogno di fare delle intercettazioni telefoniche. Voi sareste... le persone più fidate°.
                              (tutti si guardano)
ANDREA: Raffaele, tu che fai?
20   RAFFAELE: Procurato'°, a mia° mi° padre mi lasciò tre cose: il fiuto°, la presenza° e un mazzo di chiavi, le chiavi della mia vita. È tutta questione di saper trovare la toppa° giusta, la serratura giusta. E voi per me, siete la serratura giusta.

FABIO: E a me nummelo° chiedete?
25   ANDREA: *(sorridendo)* Va be', ma tu, lo sappiamo che stai con noi!
ANGELO: Se stiamo tutti uniti... ma quanto ce ne devono mettere di tritolo° sotto il culo per farci saltare in aria!

Public Prosecutor's office	
inquiry / wells / taken away	
both killed by the Mafia	
trustworthy	
Procuratore / a me / mio / flair	
looks	
keyhole	
Neapolitan for «non me lo»	
TNT	

 # C. Alla moviola

Torniamo indietro: avevate capito il senso della scena prima di leggere il copione? Fate la prova: rileggete il riassunto che avete fatto. Rispecchia il dialogo della scena? Se no, provate a rispondere a queste domande e poi confrontate con il resto della classe:

Attentato mafioso in La scorta *di Ricky Tognazzi.*

1. Secondo il giudice, che atmosfera c'è alla Procura?

2. Che tipo di indagine sta conducendo il giudice?

3. A chi è riferito il pronome «voi» nella frase: «È 'terzo', come dite voi...»

4. Chi è definito «terzo»? Perché è peggio essere «terzo», secondo il giudice?

5. Perché Caruso, secondo voi, ha tolto al giudice l'indagine sui pozzi?

6. Che favore chiede il giudice alla scorta? Come reagiscono i ragazzi della scorta?

 ## D. TRA LE RIGHE

Interpretate le seguenti battute prese dal dialogo. Lavorate in coppia.

1. Raffaele dice al giudice: «Procurato', a mia mi padre mi lasciò tre cose: il fiuto, la presenza e un mazzo di chiavi, le chiavi della mia vita. È tutta questione di trovare la toppa giusta, la serratura giusta. E voi per me, siete la serratura giusta.»
   a. È questa una dichiarazione di alleanza con il giudice?
   b. In che senso il giudice è la serratura giusta per Raffaele?

2. Andrea dice al giudice: «Lei sta continuando il lavoro del dottor Rizzo. E noi continueremo quello del maresciallo Virzi.»

Angelo continua: «Se stiamo tutti uniti... ma quanto ce ne devono mettere di tritolo sotto il culo per farci saltare in aria!»

a. Andrea e Angelo, sono anche loro dalla parte del giudice, come Raffaele?

b. Di che lavoro sta parlando Andrea? (ricordate che sia Rizzo che Virzi sono stati uccisi dalla mafia)

c. Cosa vuole dire esattamente Angelo con la sua esclamazione?

E. DUE MINUTI DI GRAMMATICA

Completa il paragrafo con il «trapassato prossimo» del verbo in parentesi.

Andrea e gli altri membri della scorta non _____ (riuscire) a lasciare il giudice De Francesco da solo. Il giudice _____ (dare) loro la possibilità di andarsene ma il loro senso di responsabilità verso De Francesco _____ (diventare) più forte del desiderio di trasferirsi. Dopo un attentato (*attempt murder*) alla figlia del giudice, la moglie di Andrea insieme ai figli _____ (dovere) lasciare Trapani. Raffaele però non _____ (potersi) salvare: la mafia _____ (colpire) anche lui. Andrea e gli altri _____ (continuare) ad aiutare il giudice nelle sue indagini fino alla fine. Il trasferimento forzato del giudice _____ così _____ (portare a termine) il suo lavoro in Sicilia. Momentaneamente...

A CASA

SECONDO ME...

In preparazione alla *Tavola rotonda* di domani rifletti sui seguenti punti legati alla storia del film.

1. Basandoti sulle informazioni della scena del film che hai visto in classe, descrivi il personaggio del giudice De Francesco.

2. Cosa vuol dire, secondo te, essere un giudice che lotta contro la mafia? Quali sono le implicazioni per la persona che decide di farlo, per la sua famiglia, per i suoi amici, per i suoi colleghi?

3. C'è differenza, secondo te, fra le motivazioni del giudice e quelle della sua scorta? Sono spinti dallo stesso senso di giustizia? Cosa li accomuna e cosa li differenzia?

4. Di chi pensi sia la responsabilità di lottare contro le organizzazioni criminali? È il lavoro di una persona dotata di particolari qualità, di un gruppo scelto, del governo, o di tutta una comunità?

IL GIORNO DOPO: TIRIAMO LE FILA

 ## A. TAVOLA ROTONDA

Incominciate la *Tavola rotonda* scambiando idee sulle risposte che avete scritto a casa. Poi scegliete uno di voi come moderatore e iniziate un dibattito su questi punti o altri di vostra scelta.

1. Secondo voi, la mafia oggi è solo un problema italiano? O è un problema americano, russo, giapponese...?

2. Qual è il modo, secondo voi, per stroncare (*eliminate*) un'organizzazione criminale come la mafia che ha anche protezioni politiche?

3. Delle tre sezioni di questo capitolo, quale avete preferito? Perché?

4. Qual è il personaggio con cui vi identificate di più? In che senso?

5. Se doveste fare un film o scrivere un racconto/un articolo che abbia come tema il lavoro, che tipo di lavoro scegliereste? Di quale aspetto parlereste?

6. C'è qualcosa sull'argomento «lavoro» che non è stato trattato in questo capitolo e di cui vorreste parlare?

 ## B. L'INTERVISTA

Intervista un compagno/una compagna sui seguenti punti e poi riporta i risultati al resto della classe.

1. Pensi di avere imparato qualcosa di nuovo sul tema «lavoro» in questo capitolo? Che cosa? Spiega.

2. Le situazioni rappresentate nell'articolo, nel racconto e nel film ti sembrano tipiche della realtà italiana o potrebbero essere riferite anche alla realtà americana? In che senso?

3. Con quale personaggio ti sei più identificato? Con il figlio o la madre nel racconto, con Tiziano Sclavi nell'articolo, con il giudice o con i ragazzi della scorta nel film? Spiega.

4. Come hai trovato il linguaggio dei tre testi? Quale ti è sembrato più accessibile? Perché?

 ## C. CON LA PENNA IN MANO

Avete visto film che trattino di argomenti simili a quello del film *La scorta*? Quale vi sembra il migliore? Fate un breve riassunto della trama e poi scrivete le vostre impressioni.

ESEMPIO: Negli ultimi anni sono stati girati molti film che trattano l'argomento «mafia». Di questi il mio preferito è...

Capitolo 6

Donne

Il pergolato, *Silvestro Lega, 1868 (Milano, Pinacoteca di Brera).*

In Italia, come negli altri paesi europei e negli Stati Uniti, le donne continuano a lottare su due fronti: da una parte la rivendicazione° del proprio diritto all'uguaglianza giuridica e alla parità di trattamento sul lavoro, dall'altra la messa in discussione° dei modelli culturali maschili per cercare ed affermare la propria specifica identità culturale.

Sul terreno° dell'emancipazione le donne italiane hanno ottenuto forse più che in altri paesi industrializzati. Particolarmente importante per le lavoratrici madri è l'aspettativa° pagata per cinque mesi (in caso di necessità anche per un anno) durante la gravidanza°, e la possibilità di aspettativa (o per il padre o per la madre) per assistere i familiari. Servizio sanitario nazionale e consultori° familiari offrono assistenza medica gratuita ad ogni donna per contraccezione, maternità, aborto (nei casi previsti dalla legge) e per la prevenzione delle malattie°. Molte donne hanno un ruolo dominante in politica e nel lavoro (due donne sono state presidenti della Camera e donne sono il ministro della Sanità, il ministro delle Pari° opportunità, il ministro della Solidarietà sociale...), anche se, in percentuale, le donne in posizione di potere sono sempre decisamente meno degli uomini.

Ma se facciamo un giro delle librerie o guardiamo le classifiche dei libri più venduti° e dei premi letterari, scopriamo dove le donne italiane hanno conquistato veramente un posto di primo piano°. Le scrittrici sono tantissime, applaudite dal pubblico e dalla critica, famose in Italia e all'estero. Alcuni nomi: Dacia Maraini, Marta Morazzoni, Anna Maria Ortese, Clara Sereni, Paola Capriolo, Elisabetta Rasy, Susanna Tamaro, Luisa Adorno, Rossana Campo, Linda Ferri, Francesca Duranti, Rosetta Loy.... Stili e tematiche sono diversissimi con una caratteristica in comune: «il continuo bisogno di sperimentare, di fuggire da una formula già usata anche se ha avuto successo.» Una casa editrice milanese, La Tartaruga, pubblica solo autrici e ha scoperto molte delle giovani scrittrici. Alcune librerie, come la Libreria delle donne di Milano, vendono solo romanzi, saggi°, opere teoriche e filosofiche scritte da donne.

Anche in filosofia infatti la produzione delle donne italiane è originale e apprezzata. In particolare ricordiamo Diotima, il gruppo delle donne filosofe dell'Università di Verona che ha pubblicato due raccolte° di saggi con lo stesso nome, e Adriana Cavarero (recentemente Visiting Professor a UC Santa Barbara), che con il suo ultimo testo, *Tu che mi guardi, tu che mi racconti,* suggerisce un diverso approccio alla filosofia, più narrativo, più interessato all'esperienza concreta e unica degli individui che all'astratto universale.

Nelle tre sezioni che seguono vedremo prima un articolo su una donna in politica, Emma Bonino del Partito radicale, rappresentante dell'Italia al Parlamento europeo, poi un brano del romanzo di Dacia Maraini *La lunga vita di Marianna Ucrìa,* e infine una scena del film *Verso sera* di Francesca Archibugi.

 # AL QUESTIONARIO!

Rileggi l'introduzione e poi completa il questionario.

1. Le lavoratrici madri italiane hanno diritto all'aspettativa pagata? _____ Per quanto tempo?

2. Che funzione hanno i consultori familiari?

rivendicazione ... claim / *messa in discussione* ... the challenging of / *terreno* ... ground / *aspettativa* ... leave / *gravidanza* ... pregnancy / *consultori* ... advisory bureaus / *malattie* ... sicknesses / *Pari* ... equal / *libri più venduti* ... bestsellers / *di primo piano* ... primary/pivotal / *saggi* ... essays / *raccolte* ... collections

3. In Italia ci sono donne alla guida di ministeri? _____ Di quali ministeri? _____

4. In quale campo (*field*) le donne italiane hanno conquistato un posto di primo piano?

5. Che cos' è La Tartaruga?

6. Chi è Adriana Cavarero?

 ## TUTTI NE PARLANO

«Uguaglianza» o «differenza»? Siete a casa di amici e prendete posizioni diverse sull'argomento in discussione: le donne devono affermare la propria uguaglianza con gli uomini o la propria differenza? O entrambe? In che senso? Lavorando in piccoli gruppi scrivete un dialogo. Litigare è lecito!

ESEMPIO: Marta: «Noi donne siamo diverse... pensiamo e sentiamo in modo diverso...»
Luisa: «Sì, ma attenzione agli stereotipi: la donna è concreta, l'uomo è astratto, la donna è emotiva, l'uomo è analitico...»
Luca: «Comunque sul lavoro dobbiamo avere gli stessi diritti e doveri...»

PRIMA SEZIONE: NEI GIORNALI E NELLE RIVISTE

Nell'articolo che leggerete, «Un ciclone di nome Emma», tratto dalla rivista *L'Espresso,* incontrerete Emma Bonino, commissaria italiana all'Unione Europea. Diversi giornali e riviste in Europa l'hanno definita «la donna dell'anno» per la sua perseveranza e la sua intransigenza nella difesa dei diritti umani. Emma si è conquistata uno spazio di primo piano nella politica estera senza mai dimenticare lo scopo della sua missione: l'aiuto umanitario.

MISSIONI. Qui sotto, la Bonino indossa un giubbotto antiproiettile a Tuzla, nel luglio dell'anno scorso. A destra, in visita tra le popolazioni del Burundi durante la guerra del 1995.

SU E GIÙ. A sinistra, Emma Bonino con il Nobel per la pace San Suu Kyi. Sopra, mentre si cala da un elicottero su una nave da pesca. A destra, con il Dalai Lama.

PANNELLIANI° DI SUCCESSO

I DUE ANNI DELLA BONINO A BRUXELLES

Un ciclone di nome Emma

Dalle guerre di pesca° alle missioni umanitarie, l'ex radicale è il commissario Ue° più attivo e apprezzato ▶ Peccato che a Roma...

di Marcella Leone

Su di lei, due anni fa, nessuno avrebbe scommesso° un soldo bucato°. Forse nemmeno l'allora presidente del Consiglio Silvio Berlusconi. Quando la mandò a Bruxelles come commissario dell'Unione Europea, tra le proteste di maggioranza e opposizione, favorevoli al pidiessino Giorgio Napolitano, l'aveva supplicata° «Mi raccomando, non piantare grane°». Eppure oggi Emma Bonino, la pasionaria radicale della politica italiana, è l'unico commissario italiano ad avere sfondato°. Al punto che il quotidiano belga *La libre Belgique* l'ha candidata come personaggio del '96, il settimanale inglese *The*

membri del partito di Pannella

fishing wars
Unione Europea

bet / a farthing

begged / don't cause trouble
made it

Economist l'ha messa al primo posto nella classifica° dei commissari europei,   list
10 e una città delle Canarie ha dato a una strada il suo nome.

«Cyclone», «La Comisaria», «L'italienne qui fait bouger l'Europe»:
titolano così, oggi, i maggiori organi di stampa° europei quando parlano di   press
Emma Bonino. Eppure, quando è arrivata a Bruxelles, capitale degli eurocrati
in doppio petto°, una commissaria così non l'avevano mai vista. Una piemon-   in double-breasted
15 tese di 48 anni, da sempre fuori da tutti gli schemi considerati rispettabili   suits
dell'economia e della politica, con un curriculum fitto di scioperi della fame e
di battaglie da marciapiede° in favore dell'aborto e della droga libera. Sempre   street wars
in jeans e zoccoli° perfino nelle aule del Parlamento italiano, dove è stata depu-   clogs
tato per quasi vent'anni. «La prima volta che ci siamo incontrati, il presi-
20 dente della Commissione europea Jacques Santer mi ha guardato con terrore,
quasi temesse che mi mettessi le dita nel naso» racconta la Bonino. Ma lei lo
ha spiazzato° subito: prima dimostrando di conoscere l'etichetta, ma poi per-   showed
ché ha puntato i piedi per ottenere di più... La Bonino... era riuscita a strap-
pare° a Santer altri due portafogli, quello degli aiuti umanitari (1.700 miliardi   to snatch
25 da gestire) e quello della pesca. Tre giorni dopo il giuramento°, nel gennaio   oath
'95, riposto nell'armadio° il tailleur nuovo di zecca°, in jeans e giubbotto an-   closet / brandnew
tiproiettile° è volata sotto le bombe di Sarajevo. È stata la prima a denunciare   bulletproof
la sparizione di 10 mila musulmani, i cui corpi sarebbero stati ritrovati mesi
dopo nelle fosse° comuni...   graves
30   ... Ad appena un mese dall'incarico°, scoppia° la guerra delle sogliole°,   assignment / breaks
una nave della marina canadese prende a cannonate° il peschereccio spagnolo   out / soles
Estai, sorpreso con le reti° in acque proibite. L'incidente diplomatico è grave,   shells
gli occhi dei paesi europei e d'oltreoceano° sono puntati sulla «ministra»:   nets
come reagirà? Con un ragionamento semplice ma efficace: ogni gioco ha le   beyond the seas
35 sue regole. Forse gli spagnoli hanno torto, ma non sono consentite cannonate
tra paesi civili, perché questo si chiama pirateria°. Le immagini della commis-   piracy
saria invadono gli schermi televisivi d'oltreoceano. Il *Wall Street Journal* le
dedica un articolo, Santer le fa i complimenti, Spagna e Canada accettano di
negoziare....
40   Negli uffici del commissario si lavora in modo frenetico, tra riunioni,
missioni, dossier. La Bonino non si ferma un attimo. Va a trovare il Dalai
Lama. Sfida° le autorità birmane per incontrare il dissidente San Suu Kyi. Guida   challenges
un convoglio° umanitario in Somalia e le sparano° addosso. Torna nei Balcani.   convoy / shoot
Fa la spola° tra Zaire, Burundi e Ruanda denunciando le stragi°. A Cuba, du-   travels back and
45 rante un pranzo con Fidel Castro, mentre gli ambasciatori nascondono il naso   forth / massacres
nei piatti, minaccia di° bloccare gli aiuti umanitari europei se non verranno   threatens to
rispettati i diritti umani, e dopo pochi giorni vengono liberati 12 dissidenti.

«Per lei mettercela tutta° è un punto d'onore. È l'unica radicale che sia   doing her very best
riuscita a fare politica non più all'opposizione, ma in un'istituzione» afferma

50 il suo portavoce Filippo di Robilant. «Gli unici a non essersi accorti di lei
sono gli italiani».

IN CLASSE

A. PRIME IMPRESSIONI

Se alcuni passi (*passages*) dell'articolo non ti sono chiari, rileggili. Poi rispondi a queste domande.

1. Chi è Emma Bonino? Che incarico (*assignment*) ha ricevuto?

2. È stata facile per Emma la strada per arrivare a Bruxelles come commissaria europea? Ha incontrato ostacoli? Di che tipo?

3. Nel campo degli aiuti umanitari cosa ha fatto la Bonino?

4. Cos'è «la guerra delle sogliole»?

5. In quali paesi è andata Emma? Per quali motivi?

B. SOLO PAROLE

Quali definizioni della colonna *B* assoceresti con le parole della colonna *A*, prese dal testo? Lavora con un compagno/una compagna.

A   **B**

Nomi

1. maggioranza   __6__ modo di pensare

2. quotidiano   _____ il contrario di minoranza

3. settimanale   _____ completo gonna-giacca

4. tailleur   _____ pubblicato ogni giorno

5. portavoce   _____ pubblicato ogni settimana

6. ragionamento   _____ persona che parla al posto di un altra

Aggettivi ed altre espressioni

1. favorevole   _____ cittadino del Belgio

2. belga   _____ a favore di

3. piemontese   _____ nuovissimo

4. nuovo di zecca   _____ abitante del Piemonte

5. fitto di   __6_ americano

6. d'oltreoceano   _____ pieno di

Verbi

1. supplicare   _____ avere paura

2. temere   _____ essere capaci di

3. riuscire   __1_ pregare

4. consentire   _____ non andare avanti

5. fermarsi   _____ permettere

C. LA SUPERFICIE DEL TESTO

Completate le frasi mettendo queste parole, prese dall'articolo, nel giusto contesto: **antiproiettile, d'onore, rispettati, di zecca, ha sfidato, deputato.**

1. Emma Bonino è stata _____ al Parlamento italiano per quasi vent'anni.

2. Per Emma mettercela tutta è un punto _____.

3. La Bonino ha lasciato il suo tailleur nuovo _____ nell'armadio ed è volata sotto

   le bombe di Sarajevo in jeans e giubbotto _____.

4. La commissaria europea _____ le autorità di diversi paesi. Ha anche

   minacciato di bloccare gli aiuti umanitari se i diritti umani non saranno _____.

D. TRA LE RIGHE

Questo articolo su Emma Bonino fa uso di molte espressioni idiomatiche interessanti. Le frasi che seguono sono prese dall'articolo. Scegliete l'interpretazione giusta con l'aiuto di un compagno/una compagna.

1. «Su di lei, due anni fa, nessuno avrebbe scommesso un soldo bucato.»
   a. nessuno credeva nelle sue capacità
   b. nessuno voleva darle soldi falsi

2. «Mi raccomando, non piantare grane.»
   a. per favore, non creare problemi
   b. ti prego, non vendere formaggio

3. «È l'unico commissario italiano ad avere sfondato.»
   a. è l'unico commissario italiano che ha avuto successo
   b. è l'unico commissario italiano che ha fallito

4. «(Emma Bonino) ha puntato i piedi per ottenere di più.»
   a. Emma Bonino doveva stare in piedi per ottenere di più
   b. Emma Bonino ha dovuto essere determinata per ottenere di più

5. «(Emma Bonino) fa la spola fra Zaire, Burundi e Ruanda denunciando le stragi.»
   a. la Bonino non ha mai viaggiato in questi paesi
   b. la Bonino viaggia avanti e indietro tra Zaire, Burundi e Ruanda

 # E. Due minuti di grammatica

Completate il paragrafo scegliendo tra le seguenti «preposizioni semplici» o «articolate»: **in, per, dell', agli, a, del, tra, nell', dai.**

Emma Bonino, commissaria _____ Unione Europea, membro _____ Partito radicale italiano, rappresenta un vero successo _____ le donne _____ politica. Dopo due anni _____ Bruxelles, la Bonino è riconosciuta _____ paesi europei e d'oltreoceano come la commissaria europea più attiva. Ha fatto di tutto: dalle battaglie a favore dell'aborto e della droga _____ scioperi della fame. _____ riunioni e conferenze Emma trova anche il tempo di viaggiare _____ Asia, _____ Africa e _____ America centrale per negoziare, discutere, denunciare.

A CASA

A. SECONDO ME...

In preparazione alla discussione in classe di domani rispondete a queste domande nel modo più completo possibile:

1. Dovete presentare Emma Bonino a qualcuno che non ha mai sentito parlare di lei. Come la descrivete?

2. Vi identificate con Emma Bonino? Perché sì o perché no? Vorreste anche voi essere «un ciclone»? In che senso? Spiegate.

3. Esiste ancora per la donna il dilemma famiglia-lavoro? L'uomo ha lo stesso problema?

4. Quali sono le donne che ammirate? Perché?

5. In generale, ti sembra positivo o negativo il tono dell'articolo?

6. Le parole usate per descrivere la Bonino cosa ti dicono sull'autrice dell'articolo? È un'ammiratrice (*admirer-supporter*) di Emma? Approva la sua politica?

B. CON LA PENNA IN MANO

Per Emma Bonino «mettercela tutta» è un punto d'onore. A tuo parere è più importante per le donne «mettercela tutta»? Secondo le tue esperienze, è piu difficile «sfondare» per le donne? Scrivi due pagine.

ESEMPIO: Io sono cresciuta in una famiglia in cui la carriera dei miei fratelli era ritenuta più importante della mia... Penso che la donna arrivi al successo pagando un prezzo molto alto...

IL GIORNO DOPO: SCAMBIO DI IDEE

A. CONFRONTATE

In gruppi di tre o quattro presentate la vostra descrizione di Emma Bonino, poi confrontate con i compagni/le compagne le risposte alle altre domande preparate a casa.

B. PARLATE VOI!

Fate una relazione in classe su quello che avete scritto a casa nel tema. Chiedete poi alla classe di commentare quello che avete detto.

Possibili domande per iniziare la conversazione:
1. Avete avuto esperienze simili alle mie?
2. Siete d'accordo con me quando dico che...

SECONDA SEZIONE: NELLA LETTERATURA

L'autrice

Dacia Maraini è forse la scrittrice italiana più nota, più tradotta e più premiata in Italia e all'estero. Presente sulla scena culturale italiana dagli anni sessanta, ha raccontato storie e problemi di donne antiche e moderne in romanzi, commedie, poesie, saggi. Tra i suoi temi ricorrenti, la violenza contro le donne, a cui ha dedicato un durissimo romanzo-verità nel 1985, *Isolina*, e, più recentemente, *Voci* (1994, tradotto in dieci paesi), che usa la forma del romanzo giallo° per presentare a un pubblico più vasto la realtà dei troppi crimini irrisolti contro le donne.

Tra i suoi numerosi romanzi: *L'età del malessere* (1963); *Donna in guerra* (1975), *Bagheria* (1993), autobiografia della scrittrice; *Dolce per sé* (1997), romanzo della memoria, in forma di lettere della narratrice ad una bambina. Tra le opere teatrali *Maria Stuarda* (1975), *Veronica, meretrice e scrittora* (1991), *Camille* (1995). Nel 1996 ha pubblicato un saggio, *Un clandestino a bordo*, sulla maternità e sull'aborto. Negli ultimi anni ha tenuto conferenze in diverse università americane.

Il romanzo: *La lunga vita di Marianna Ucrìa*

Nella citata autobiografia *Bagheria*, Dacia Maraini ci racconta la genesi del suo romanzo storico. In una delle sue visite a Palermo, nel palazzo di una vecchia zia, Dacia vede il ritratto di un'antenata°, Marianna, che tiene in mano un foglio°. Marianna, sordomuta°, ha imparato a scrivere per comunicare

romanzo giallo ... mystery/detective story / *antenata* ... ancestor / *foglio* ... paper / *sordomuta* ... deaf-mute

Romanzo di formazione femminile.

in un mondo, quello dell'alta aristocrazia siciliana del 1700, in cui la cultura non era certo considerata necessaria per le donne. La scrittrice è affascinata° da quel personaggio che sembra aprire una porta sul suo stesso passato e ne scrive la storia, tra verità e finzione.

Marianna, muta per un trauma infantile che sarà rivelato solo alla fine del romanzo, è costretta a sposarsi tredicenne con un vecchio zio. La sua vita, sullo sfondo° di un mondo in decadenza, è la cronaca della quotidiana e silenziosa battaglia per sopravvivere° alla solitudine della malattia, alle violenze del marito, all'ignoranza e ai pregiudizi del tempo. Ma la sua diversità è anche la sua salvezza: la scrittura, la lettura, le danno gli strumenti per immaginare altre possibilità, per trovare la forza° e il coraggio di mettersi in viaggio.

Nel brano che segue, verso la fine del romanzo, Marianna, in viaggio con la domestica°-amica Fila, gode il piacere della libertà e della scoperta.

affascinata ... charmed/taken by / *sfondo* ... background / *sopravvivere* ... to survive / *forza* ... strength / *domestica* ... servant

AL QUESTIONARIO!

Rileggi rapidamente l'introduzione sull'autrice e sull'opera, poi, lavorando con un compagno/una compagna, completa il questionario.

1. Di che cosa parlano i romanzi *Isolina* e *Voci* ?
2. Quali tipi di scrittura usa la Maraini oltre al romanzo?
3. Come si intitola il romanzo autobiografico di Dacia Maraini?
4. Perché Marianna Ucrìa ha imparato a scrivere?
5. Dove vive Marianna? In che secolo?
6. Spiega con le tue parole perché «la sua diversità è anche la sua salvezza».

 ## TUTTI NE PARLANO

La violenza contro le donne è oggi argomento di dibattito giuridico, tema di libri, film, articoli. Lavorando in piccoli gruppi, raccontate che cosa avete visto, letto o sentito sull'argomento. Confrontate poi con il resto della classe.

Possibili domande per la discussione:

1. Quali sono le cause e le situazioni più comuni della violenza contro le donne?
2. Qual è secondo voi il problema più urgente da risolvere?
3. Avete in mente proposte che vorreste fare a un legislatore?
4. Che consigli dareste a una donna vittima di violenze familiari?

La lunga vita di Marianna Ucrìa

XLII

Una pellegrina? forse, ma i pellegrini vanno verso una meta. I suoi piedi invece non vogliono fermarsi. Viaggiano per la gioia di viaggiare. In fuga dal silenzio delle sue case verso altre case, altri silenzi. Una nomade alle prese con le pulci°, con il caldo, con la polvere. Ma mai veramente stanca, mai 5 sazia° di vedere nuovi luoghi, nuove persone.

grappling with fleas
satisfied

Al suo fianco° Fila: la piccola testa calva° sempre coperta da una cuffia°   side / bold / bonnet
di cotone immacolato che ogni sera viene lavata e messa ad asciugare° sulla   to dry
finestra. Quando ne trovano di finestre, perché hanno anche dormito sulla
paglia°, fra Napoli e Benevento, vicino a una mucca che le annusava° incu-   straw / smelled
10   riosita.

Si sono fermate ai nuovi scavi di Stabia e di Ercolano. Hanno mangiato
l'anguria° tagliata a fette da un bambino, su una tavoletta volante simile a   watermelon
quella che Marianna usa per scrivere. Hanno bevuto acqua e miele sedute in
ammirazione davanti a un enorme affresco romano in cui il rosso e il rosa si
15   mescolavano deliziosamente. Si sono riposate all'ombra di un gigantesco
pino marittimo dopo avere camminato sotto il sole per cinque ore. Hanno ca-
valcato° dei muli lungo le pendici del Vesuvio sbucciandosi° il naso nonostante   rode / peeling
i cappelli di paglia comprati da un merciaio° a Napoli. Hanno dormito in   haberdasher
camere puzzolenti° dai vetri rotti, con un moccolo° per terra accanto al ma-   stinking / candle-end
20   terasso su cui saltavano le pulci come in una giostra°.   merry-go-round

Ogni tanto un contadino, un commerciante, un signorotto si metteva
alle loro calcagna° incuriosito dal fatto che viaggiassero sole. Ma il silenzio di   followed them
Marianna e gli sguardi aggrondati° di Fila li mettevano presto in fuga.   closely
     frowned

Una volta sono state pure derubate sulla strada per Caserta. Hanno la-
25   sciato nelle mani dei briganti due pesanti bauli dalle fibbie° di ottone, una   buckles
borsetta di maglia d'argento e cinquanta scudi. Ma non ne sono state troppo
disperate: i bauli° erano un ingombro° e contenevano vestiti che non mette-   trunks / load
vano mai. Gli scudi erano solo una parte delle loro ricchezze. Le altre monete
Fila le aveva nascoste così bene, cucite dentro la sottana, che i banditi non se
30   n'erano accorti. Della mutola° poi avevano avuto pietà e non l'avevano   mute
neanche frugata°, sebbene anche lei tenesse delle monete dentro una tasca   searched
della spolverina.

A Capua hanno fatto amicizia con una compagnia di attori in viaggio
verso Roma. Una attrice comica, un attor giovane, un impresario, due cantanti
35   castrati, e quattro servitori, più una montagna di bagagli e due cani bastardi.

Ben disposti e simpatici, pensavano molto a mangiare e a giocare. Non
si erano affatto turbati per la sordità° della duchessa, anzi si erano subito   deafness
messi a parlare con le mani e con il corpo, facendosi intendere benissimo da
lei e suscitando° le risate matte di Fila.   provoking
40   Naturalmente toccava a Marianna pagare la cena per tutti. Ma gli attori
sapevano ricambiare il favore mimando i loro pensieri con allegria di tutti, sia
alla mensa che al tavolo da gioco, nelle carrozze di posta come nelle locande
dove si fermavano a dormire.

A Gaeta avevano deciso di imbarcarsi° su una feluca° che li prendeva per   to embark / felucca
45   pochi scudi. Si diceva che le strade fossero infestate di briganti e «per uno che   (type of ship)

viene impiccato° altri cento ne sbucano fuori° che si nascondono nelle montagne   hung / come out
della Ciociaria e cercano proprio le duchesse» diceva un biglietto malizioso.

    Sulla barca si giocava tutto il giorno a faraone, a biribissi. Il capo-
comico Giuseppe Gallo dava le carte e perdeva sempre. In compenso vince-
50 vano i due castrati. E la comica, signora Gilberta Amadio, non voleva mai andare a coricarsi.

    A Roma avevano preso alloggio nella stessa locanda, in via del Grillo,
una piccola strada in salita dove le carrozze non volevano mai montare e toccava farsela a piedi su e giù dalla piazza del Grillo.

55   Una sera erano state invitate, Marianna e Fila, al teatro Valle, il solo in
cui si potesse recitare fuori del periodo di carnevale. E videro una operina
mezza cantata e mezza recitata in cui la comica Gilberta Amadio si cambiava
dieci volte di abito correndo dietro le quinte° e ricomparendo ora abbigliata da   the scenes
pastora, ora da marchesa, ora da Afrodite, ora da Giunone. Mentre uno dei
60 due castrati cantava con voce soave e l'altro ballava vestito da pastore.

    Dopo lo spettacolo, Marianna e Fila erano state invitate all'osteria del
Fico, in vicolo° del Paniere, dove si erano dovute ingozzare° di grandi piatti di   alley / to wolf down
trippa al sugo. Avevano dovuto mandare giù bicchieri su bicchieri di vino
rosso, per festeggiare il successo della compagnia e poi si erano messi tutti a
65 ballare sotto i lampioni di carta, mentre uno dei servi tuttofare suonava il
mandolino e un altro si attaccava al flauto.

    Marianna gustava la libertà: il passato era una coda° che aveva rag-   tail
gomitolato° sotto le gonne e solo a momenti si faceva sentire. Il futuro era una   rolled up
nebulosa dentro a cui si intravvedevano delle luci da giostra. E lei stava lì,
70 mezza volpe° e mezza sirena, per una volta priva di gravami di testa°, in com-   fox / worries
pagnia di gente che se ne infischiava° della sua sordità e le parlava allegra-   could not care less
mente contorcendosi in smorfie° generose e irresistibili.   grimaces

IN CLASSE

 ## A. PRIME IMPRESSIONI

Leggi attentamente e poi rispondi con tutti i dettagli che riesci a ricordare.

1. Marianna si sente nomade o pellegrina? Spiega.

2. In quali regioni italiane viaggia Marianna? Prova a tracciare le tappe del suo itinerario.

3. Che cosa ricordi della prima parte del viaggio, quando Marianna e Fila viaggiano sole?

4. Che cosa ricordi della seconda parte del viaggio, dopo l'incontro con la compagnia degli attori?

5. Come vive Marianna la sua nuova esperienza di donna libera?

6. Quali aggettivi useresti per descrivere l'atmosfera della narrazione? Triste? Allegra? Comica? Tragica?...

 # B. SOLO PAROLE

Le parole della colonna *A* sono prese dal testo. Con quali parole della colonna *B* le assocereste? Lavorate in coppia.

A   **B**

Nomi

1. meta   _____ albergo
2. cuffia   _____ valigia
3. materasso   _____ pecora
4. pulce   __6__ metallo
5. baule   _____ cappello
6. ottone   _____ letto
7. locanda   _____ obiettivo
8. pastore   _____ insetto

Aggettivi

1. sazio   _____ agitato
2. puzzolente   __4__ dolce
3. turbato   _____ pieno
4. soave   _____ non profumato

Verbi

1. annusare	_____ capire
2. cavalcare	_____ godere
3. sbucciare	_____ sentire l'odore
4. intendere	_____ andare a cavallo
5. imbarcarsi	__3__ pelare
6. gustare	_____ salire su una nave

 # C. LA SUPERFICIE DEL TESTO

Se non ricordi i particolari leggi ancora una volta, poi completa le frasi con queste parole prese dal testo: **libertà, paglia, briganti, attori, nomade, cuffia, mucca, finestra.**

1. Marianna non è una pellegrina, è una _____.

2. Fila ogni sera lava la _____ e la mette ad asciugare sulla

   _____.

3. Marianna e Fila non sempre hanno dormito in albergo. Hanno anche dormito sulla

   _____ vicino a una _____.

4. Una volta sono state derubate dai _____.

5. A Capua hanno fatto amicizia con una compagnia di _____.

6. In viaggio Marianna gustava la sua _____.

D. TRA LE RIGHE

Come descrive Dacia Maraini la sua protagonista? È triste o felice? È contenta della sua avventura o vorrebbe essere a casa nel suo palazzo lussuoso? Leggete le frasi seguenti insieme al testo e, lavorando in coppia, scegliete l'interpretazione che preferite.

1. «... mai sazia di vedere nuovi luoghi, nuove persone.»
   a. Marianna è stanca di viaggiare in posti nuovi.
   b. Marianna non è mai stanca di conoscere situazioni nuove.

2. «Quando ne trovano di finestre...»
   a. Marianna e Fila sono infelici perché non sempre possono dormire in una stanza con finestre.
   b. Anche dormire sulla paglia è un'avventura.

3. «... sedute in ammirazione davanti a un enorme affresco romano...»
   a. Le due amiche sono in un museo romano a guardare gli affreschi.
   b. Le due amiche ammirano il panorama romano e pensano che sembra un affresco.

4. «Ogni tanto un contadino, un commerciante, un signorotto si metteva alle loro calcagne.... Ma il silenzio di Marianna e gli sguardi aggrondati di Fila li mettevano presto in fuga.»
   a. Marianna e Fila non sanno come difendersi dagli uomini che le seguono.
   b. Marianna e Fila sanno come far scappare gli uomini.

5. «Ma gli attori sapevano ricambiare il favore mimando i loro pensieri con allegria di tutti.»
   a. Gli attori spendevano tutti i soldi di Marianna e non davano niente in cambio.
   b. Marianna era contenta di pagare la cena perché gli attori usavano la loro arte mimica per divertirla durante il viaggio.

6. «Il passato era una coda che aveva raggomitolato sotto le gonne e solo a momenti si faceva sentire.»
   a. Marianna aveva deciso di separarsi dal suo passato e ci pensava solo raramente.
   b. Marianna era tormentata dal suo passato.

7. «Il futuro era una nebulosa dentro a cui si intravvedevano delle luci da giostra.»
   a. Il futuro non era chiaro ma Marianna lo immaginava divertente come un luna-park (parco di divertimento).
   b. Marianna aveva paura del suo futuro e lo immaginava triste.

 # E. DUE MINUTI DI GRAMMATICA

Completate il paragrafo con il «futuro semplice». Attenzione al soggetto!

Marianna _____ (andare) con Fila in giro per il mondo. Le due donne

_____ (dormire) in locande o fienili (*haylofts*) e _____ (bere) acqua

e miele mentre _____ (guardare) gli spettacoli della natura. A Capua

_____ (fare) amicizia con una compagnia di attori e Marianna

_____ (pagare) la cena per tutti. Sulla barca _____ (giocare) a carte

tutto il giorno e la signora Gilberta non _____ (volere) mai andare a dormire.

A CASA

 ## A. Secondo me...

In preparazione alla discussione di domani rifletti su questi aspetti del brano che hai letto.

1. Cerca nel testo i riferimenti alla sordità (*deafness*) di Marianna. Come vive Marianna il suo problema in queste pagine? Quali sono le reazioni della compagnia di attori?

2. Lo stile della scrittrice. Il mondo è visto attraverso Marianna che non parla e non sente. Ti sembra che lo stile rifletta questa situazione? In che modo? Assenza di dialogo? Enfasi sugli altri sensi? Enfasi sul guardare, sul sentire gli odori (*smells*), i sapori? Cerca esempi nel testo.

3. Come interpreti l'ultimo paragrafo di questo brano? Che cosa ti dice del rapporto di Marianna con il suo passato, il suo presente e il suo futuro?

4. Quali sono secondo te i maggiori cambiamenti nella vita delle donne dal 1700 a oggi?

 ## B. Con la penna in mano

Hai letto romanzi o visto film che hanno donne come protagoniste? Scegli uno di questi libri o film, scrivi un breve riassunto della trama (*plot*) e racconta come vengono rappresentati i personaggi femminili.

ESEMPIO: A me è piaciuto molto il film *The piano* che parla di una donna che lascia il proprio paese per sposare un uomo che non conosce. Il marito non la capisce e non capisce che la musica per lei è una forma fondamentale di espressione...

IL GIORNO DOPO: SCAMBIO DI IDEE

 ## A. Confrontate

In gruppi di tre o quattro confrontate le risposte alle domande che avete completato a casa con quelle dei compagni/delle compagne. Poi confrontate con il resto della classe.

B. Parlate voi!

Fate una relazione alla classe su quello che avete scritto a casa nel tema. Fate domande e sollecitate risposte per la conversazione.

Possibili domande da fare ai compagni/alle compagne:

1. Avete visto anche voi lo stesso film (o letto lo stesso libro)? Siete d'accordo con la mia interpretazione? Perché sì o perché no?

2. Vorreste scrivere un libro o fare un film con una donna come protagonista? Che tipo di donna sarebbe?

TERZA SEZIONE: AL CINEMA

La regista

Molte sono le giovani registe che dagli anni ottanta si sono affiancate° alle due sole registe italiane precedentemente note: Lina Wertmuller e Liliana Cavani. La Wertmuller ha avuto molto successo anche all'estero, forse soprattutto per il suo lavoro sull'immagine stereotipata degli italiani; la Cavani ha ricevuto fama internazionale con *Portiere di notte*, film sul nazismo, e con altre opere sull'inconscio e la follia°.

Possiamo qui citare solo alcune delle nuove registe: Gabriella Rosaleva, *Il processo a Caterina Ross*, film su stregoneria° e magia; Francesca Comencini, *Pianoforte*, sul tema della droga; Roberta Torre, *Tano da morire* (1997), comicissimo film musicale sulla mafia siciliana, e Wilma Labate che con *La mia generazione* (1995), esplora le motivazioni storiche ed etiche di un terrorista, artefice e vittima della sua scelta.

Francesca Archibugi, accolta° dal pubblico e dalla critica come una delle rivelazioni degli anni ottanta, nel suo primo film, *Mignon è partita*, tratta il tema della difficoltà di crescere e del rapporto tra generazioni diverse. Il suo ultimo film, *Il grande cocomero*, è una storia sulla solitudine e la malattia ma anche sul valore terapeutico della solidarietà e dell'amicizia. *Verso sera*, prodotto per la televisione italiana, con Marcello Mastroianni nella parte del protagonista, è il suo secondo film. Anche qui si rivela la preferenza dell'Archibugi per la dinamica familiare, tra violenza e affetto, ideologia e incertezza, scontri° e conciliazione.

affiancate ... joined / *follia* ... madness / *stregoneria* ... witchcraft / *accolta* ... received / *scontri* ... clashes/conflicts

Un rapporto difficile in
Verso Sera *di Francesca*
Archibugi.

Purtroppo molti di questi film, importanti per capire le tendenze del nuovo cinema italiano, non sono distribuiti negli Stati Uniti.

Il film: *Verso sera*

Protagonisti di *Verso sera* sono Ludovico, un ex-professore, intellettuale comunista settantenne, la nuora Stella, ventenne, che non riesce o non vuole dare un senso alla propria vita, e la nipotina Papere, parcheggiata per una stagione (siamo alla fine degli anni settanta) a casa del nonno, mentre i genitori decidono che cosa fare della loro esistenza. La nipotina di cinque anni, intelligente e sensibile ai diversi problemi del nonno e della madre, diventa l'occasione di incontro tra le due generazioni. Ludovico critica ma anche cerca di capire le scelte diverse di Stella; Stella è estremamente confusa, vive alla giornata°, tra droghe e rapporti casuali e, nonostante l'affetto per il vecchio e forse il desiderio di essere diversa, non può cambiare. Alla fine Stella riprende la figlia e torna nel suo mondo.

Nel suo tipico modo di raccontare l'Archibugi, con estrema sensibilità, tocca conflitti e problemi che non hanno risposta, ma l'affetto e la comprensione, possibili anche tra persone decisamente diverse, diventano la strada per la tolleranza e l'accettazione.

alla giornata ... day to day

AL QUESTIONARIO!

Rileggi rapidamente l'introduzione sulla regista e sul film, poi, lavorando con un compagno/una compagna, rispondi con frasi complete.

1. Chi sono le registe che da più tempo lavorano nel cinema italiano?

2. Come si intitola il film diretto da Wilma Labate? Di che cosa parla?

3. Di che cosa tratta nei suoi film Francesca Archibugi?

4. Perché Ludovico e la nuora Stella non vanno d'accordo?

5. Perché la nipotina è a casa del nonno?

6. Come finisce il film?

7. In *Verso sera,* l'affetto è importante? Perché?

 ## TUTTI NE PARLANO

Qual è l'attrice più brava, almeno per voi! Fate ai compagni/alle compagne un ritratto della vostra attrice preferita, parlate delle sue qualità artistiche, dei film in cui ha recitato e dite se vi sembra adatta per la parte di Stella. Fate riferimento all'introduzione sul film.

IN CLASSE

Guardate tutto il film *Verso sera* e poi concentratevi su una scena in particolare. La scena del film che vedrete si svolge a Roma, nel giardino della casa di Ludovico dove, in piena notte, la nuora Stella torna per riportare la figlia di cinque anni (Papere). Stella bussa alla porta e Ludovico apre.

Se non avete il film a disposizione, saltate *A*, passate direttamente a *B* e ripondete solo alle domande in *C*.

 ## A. PRIMA VISIONE

Guardate la scena (se ci sono sottotitoli, copriteli). Poi con l'aiuto di un compagno/una compagna riassumete in due o tre frasi quello che succede nella scena.

B. Il copione

Ecco riportato il dialogo della scena del film. Leggilo e poi passa subito *Alla moviola*.

(Nel giardino della casa di Ludovico)

LUDOVICO: Sono le tre.

STELLA: *(con la bambina in braccio)* È pesante°.　　　　　　　　　　heavy

LUDOVICO: *(annusando° la bambina)* Sembra un posacenere°.　　smelling / ashtray

5　STELLA: Oh Madonna! Non accetti proprio che esistano altre realtà, eh!

LUDOVICO: Un'altra realtà! Mi sembra la stessa, solo più sporca.

STELLA: Allora ce la possiamo tenere come ci parc.

LUDOVICO: No, non potete fare come vi pare. Non lo potete fare per noi, per i
　　　　　vostri bambini, ma anche per voi stessi.

10　STELLA: Senti, sono un po' sbronza°, non mi rincoglionire° di parole come　　drunk / slang for
　　　　　mio padre!　　　　　　　　　　　　　　　　　　　　　　　　　«stordire»: to stun

LUDOVICO: L'odontotecnico°? Come fa ad assomigliarmi°?　　　　dental technician /
　　　　　　　　　　　　　　　　　　　　　　　　　　　　　　　　　how can he be
　　　　　　　　　　　　　　　　　　　　　　　　　　　　　　　　　like me

STELLA: Eccolo, il democratico! È facile, con la serva che mangia in cucina.
　　　　　Scusa, non si chiama serva, si chiama donna, che è peggio. E poi, tanto

15　　　　mangia sempre in cucina, sola come un cane. Disprezzi° di più gli igno-　　despise
　　　　　ranti che i capitalisti.

LUDOVICO: Non è vero.

STELLA: Se non è vero, perché hai fatto quella faccia?

(Stella bacia la bambina e si avvia verso° la macchina, fuori dal cancello)　heads towards

20　LUDOVICO: *(riferendosi all'uomo nella macchina)* Chi è?

STELLA: Un amico mio.

LUDOVICO: Il tuo nuovo compagno?

STELLA: *(ridendo)* Madonna, quanto siete arcaici quando fate i moderni... È
　　　　　un amico, non bariamo° noi.　　　　　　　　　　　　　　　　　cheat

25　LUDOVICO: Siete solo degli incoscienti°. Brancolate° senza meta, senza　irresponsibles / grope
　　　　　provenienza.

STELLA: Proveniamo dal Bar Murales e andiamo a Piazza Santa Maria.

(Stella sale in macchina e se ne va.)

 ## C. Alla moviola

Torniamo indietro: avevate capito il senso della scena prima di leggere il copione del film? Fate la prova:
rileggete il riassunto che avete fatto. Rispecchia il dialogo del copione? Se no, provate a rispondere a queste
domande e poi confrontate con il resto della classe.

*Ludovico, Stella e Papere
nel film di Francesca
Archibugi* Verso Sera.

1. Perché Stella va a casa di Ludovico?
2. In che senso Ludovico non approva il comportamento di Stella?
3. Quali sono le critiche che Stella fa a Ludovico?

 # D. TRA LE RIGHE

Interpreta queste battute di Ludovico e di Stella tratte dalla scena che hai appena letto. Lavora con un compagno/una compagna.

1. Ludovico annusa la bambina e dice: «Sembra un posacenere.»
   a. la bambina puzza di fumo, sarà stata in un locale dove si fumava
   b. la bambina assomiglia a un posacenere

2. Stella dice: «Non mi rincoglionire di parole.»
   a. Stella vuole che Ludovico smetta di parlarle
   b. Stella apprezza i commenti di Ludovico

3. Stella esclama: «Eccolo il democratico! È facile con la serva che mangia in cucina.»
   a. Stella è convinta che Ludovico sia un vero democratico
   b. Stella accusa Ludovico in modo sarcastico di non essere un democratico

4. Riferendosi al padre di Stella, Ludovico dice: «L'odontotecnico? Come fa ad assomigliarmi?»
   a. Ludovico pensa di essere molto diverso dal padre di Stella
   b. Ludovico pensa di avere le stesse tendenze politiche del padre di Stella

5. Ludovico conclude: «Brancolate senza meta, senza provenienza.»
   a. Ludovico pensa che Stella e i suoi amici siano confusi
   b. Ludovico pensa che Stella e i suoi amici sappiano cosa fare nella vita

E. DUE MINUTI DI GRAMMATICA

Completate il paragrafo prima con il «passato prossimo» del verbo in parentesi e poi con il «passato remoto».

Il marito di Stella _____ (decidere) di vivere in campagna con alcuni

amici. Ludovico _____ (aiutare) il figlio a comprare la proprietà e un giorno

_____ (andare) a trovarlo. Come al solito padre e figlio _____

(litigare) sulla teoria dell'esistenza e non _____ (trovare) un punto di incon-

tro. Alla fine della giornata la bambina _____ (volere) restare a dormire con il

padre ma Stella _____ (tornare in città).

A CASA

SECONDO ME...

In preparazione alla *Tavola rotonda* di domani, ripensa alla scena del film che hai visto (o letto) in classe. Basandoti sulle informazioni che hai sul film, sei d'accordo sulle seguenti affermazioni? Giustifica le tue risposte.

1. Stella è rappresentativa di tutta la generazione degli anni settanta.

2. Stella ha bisogno di aiuto: è confusa, frustrata, non sa veramente in cosa credere.

3. Ludovico è un intellettuale capitalista che disprezza i comunisti.

4. Ludovico è giustificato nel chiamare Stella un'incosciente.

5. La bambina di cinque anni, Papere, è troppo piccola per capire il comportamento della mamma e i discorsi del nonno. Non soffrirà.

Adesso rifletti su questa domanda:

Stella parla di «altre realtà». Quali sono, secondo te, queste «altre realtà»? In cosa sono diverse dalla «realtà» di Ludovico?

IL GIORNO DOPO: TIRIAMO LE FILA

 ## A. Tavola rotonda

Mettetevi in cerchio e aprite la *Tavola rotonda* confrontando prima le risposte che avete preparato a casa. Poi scambiate le vostre idee sui punti che seguono. Uno di voi, il moderatore, fa le domande. Gli altri sono scrittori, parlamentari, studenti...

1. Quali sono, secondo voi, i temi comuni alle tre sezioni del capitolo (politica, femminismo, incomprensione, solitudine, determinazione, violenza, impegno...)? Spiegate.

2. Articolo, romanzo, film: tre modi diversi di raccontare la vita di una donna. Quale ti è sembrato il più efficace nel rappresentare l'identità e la realtà di queste donne?

3. Avete trovato qualcosa nelle esperienze di Emma, Marianna e Stella che si può trovare nelle esperienze di tutte le donne? O pensate che le vite di queste tre donne siano uniche?

4. Quali sono i temi legati alla condizione femminile di cui si parla di più nel vostro paese?

5. Come immaginate il ruolo della donna nel prossimo secolo?

6. C'è un punto, una tematica, un problema che il capitolo non ha trattato e di cui vorreste assolutamente parlare?

 ## B. L'intervista

Intervistate un compagno/una compagna sui seguenti punti e poi riportate i risultati al resto della classe.

1. Quale delle tre sezioni hai preferito? Perché?

2. Quale personaggio ti ha più colpito? Marianna nel romanzo o Stella nel film? Spiega.

3. Se dovessi incontrare le tre donne rappresentate in questo capitolo, cosa chiederesti loro? Ci sono consigli che daresti? Quali?

4. Immagina di essere un regista/una regista o uno scrittore/una scrittrice che vuole rappresentare un aspetto del tema «donne». Quale aspetto sceglieresti? Perché?

 ## C. CON LA PENNA IN MANO

Secondo te, cosa significa essere una buona madre? Fai riferimento anche alle tue esperienze personali (genitori, parenti, amici, vicini di casa, ecc.).

ESEMPIO: Mia madre è stata per me una madre perfetta. Perché? Semplicemente perché ha sempre cercato di capirmi...

Capitolo 7

La memoria, il passato, la nostalgia

"Eraclito," *dettaglio della* Scuola di Atene, *Raffaello, Stanza della segnatura (Palazzi Vaticani).*

L'importanza della memoria, del passato, dei ricordi nelle opere letterarie, filosofiche, cine-matografiche e scientifiche non è certo una novità nella cultura italiana. Basti pensare° all'opera di Francesco Petrarca, uno dei maggiori poeti del Medioevo, la cui opera fu tutta scritta «in memoria» della donna amata, Laura, o al Leopardi, il più grande poeta dell'ottocento italiano, che intitolò uno dei suoi poemi *Le ricordanze*, e i cui *Canti* sono tutti intessuti di° memorie, di rimpianti° e di nostalgie. Anche nel cinema la memoria ha sempre avuto un ruolo fondamentale e per alcuni registi è stato il tema ricorrente, come per Fellini i cui film, dai *Vitelloni* a *8 1/2* ad *Amarcord* (che significa «Mi ri-cordo» nel dialetto di Rimini), sono una ricostruzione-meditazione degli anni dell'infanzia, della giovinezza e del passato più recente.

Eppure° nella cultura contemporanea si parla con insistenza di questi temi, come se fossero stati riscoperti dopo essere stati dimenticati. Forse perché l'epoca moderna è stata dominata dal feticcio° del «nuovo», della rottura° con la tradizione, mentre le correnti di pensiero che si sono definite postmo-derne parlano di «decostruzione» del passato e di «ripetizione». Secondo questo punto di vista il nostro presente è una continua rielaborazione del passato, e la «ripetizione» crea una «differenza» ma non qualcosa di completamente nuovo. Ecco allora l'importanza della memoria, come strumento cosciente di rapporto con la nostra tradizione individuale e collettiva.

In Italia il «Pensiero debole», corrente filosofica fondata da Gianni Vattimo negli anni ottanta, tratta di questi temi in varie opere tradotte e ormai famose anche negli Stati Uniti: *Il pensiero debole*, *La fine della modernità*, *La società trasparente*... Ma se la discussione teorica è spesso riservata agli specialisti, il giornalismo, la letteratura e il cinema riportano il discorso alla vita di tutti i giorni, a esperienze che ci sono più familiari.

Nelle pagine che seguono vedremo prima come il tema della «memoria» è stato trattato dal punto di vista pedagogico-scientifico in un «dossier» pubblicato dal settimanale *Anna*; poi leggeremo un brano del romanzo di Antonio Tabucchi, *Sostiene Pereira*, e infine una scena del film *Stanno tutti bene* del regista Giuseppe Tornatore.

AL QUESTIONARIO!

Rileggi e poi rispondi con frasi complete.

1. Chi è Francesco Petrarca e a chi dedica la sua opera?

2. Quando scrive il Leopardi e quali sono i temi ricorrenti nelle sue poesie?

3. Chi ha girato il film *Amarcord*? Che cosa significa il titolo? In quale dialetto?

4. Che cosa significa affermare che l'epoca moderna è stata dominata dal feticcio del «nuovo» e della rottura con la tradizione?

5. Perché è importante la memoria per il pensiero postmoderno?

Basti pensare a ... it is enough to think of / *intessuti di* ... interwoven with / *rimpianti* ... regrets / *Eppure* ... and yet / *feticcio* ... fetish / *rottura* ... break

TUTTI NE PARLANO

Vi sembra che il passato e i ricordi siano temi ricorrenti nella letteratura americana o straniera? Quali romanzi, racconti o poesie avete letto sulle memorie di autori o personaggi? Lavorando in piccoli gruppi fate un elenco di queste opere e raccontate ai compagni le vostre reazioni a queste letture. Confrontate poi con il resto della classe.

PRIMA SEZIONE: NEI GIORNALI E NELLE RIVISTE

Avete mai pensato a cosa succede nel vostro cervello quando rievocate un episodio? Sapete che esistono diversi tipi di memoria? Sapete che i ricordi sono un complicato intreccio di impulsi chimici ed elettrici?

L'articolo che leggerete, tratto da un lungo dossier chiamato «La fabbrica dei ricordi», risponde a queste domande. La memoria e i ricordi vengono esplorati dal punto di vista scientifico.

Quel grande mistero chiamato memoria

I ricordi? Sono, in realtà, un complicatissimo intreccio° di impulsi chimici ed elettrici. Ma ora qualcuno è riuscito a «fotografarli»...

interlacement

... Ma dove ha sede la memoria? Che cosa succede quando cerchiamo di rievocare° un ricordo? Nel nostro cervello ogni attività mentale si traduce° in una **miriade di impulsi generati da miliardi di cellule** chiamate neuroni. I neuroni sono collegati° fra loro dalle sinapsi che, raggiunte° da un impulso,
5 liberano° delle sostanze chimiche (i neurotrasmettitori) attraverso cui avviene° la trasmissione dei messaggi da una cellula nervosa all'altra. La memoria quindi è **un insieme di circuiti** con specifiche sedi° in varie parti del cervello. Un gruppo di ricerca italiano, guidato° dal professor Ferruccio Fazio (Dipartimento di medicina nucleare dell'Università di Milano) ha dimostrato

to recall / translates

connected / reached
free
takes place
seats, centers
led

lista spesa

Ho ancora dimenticato il pane!

Vi siete mai trovati in una situazione simile?

10　che nel cervello esistono diversi «sistemi» di memoria, indipendenti ma collegati tra loro come una specie di network televisivo. E ne ha fotografato le diverse aree mettendo a punto° una vera e propria mappa della memoria. «Lo studio è stato condotto° utilizzando la Pet, la «**tomografia a emissione di positroni**» spiega Ferruccio Fazio. «Si tratta° di una tecnologia d'avan-

15　guardia, che ha permesso di provare come la memoria non abbia un'unica localizzazione nel cervello». Una volta creato, infatti, il ricordo viene archiviato° in una delle seguenti sedi:

    Memoria a breve termine. È indispensabile per trattenere, in un periodo limitato di tempo (da pochi secondi a qualche minuto), una piccola serie

20　di informazioni utili immediatamente. Entra in funzione°, per esempio, quando qualcuno ci suggerisce° un numero di telefono che non componiamo° all'istante. Si divide a sua volta° in memoria visiva, spaziale, verbale e numerica.

    Memoria a lungo termine. È un grande «contenitore» che racchiude°

25　un numero vastissimo di informazioni per un tempo variabile, da pochi minuti a molti anni.

    Memoria episodica o autobiografica. Conserva le esperienze personali e la storia più intima dell'io: l'infanzia, l'amore, il matrimonio. Si attiva quando rievochiamo sentimenti, letture, luoghi e spettacoli del passato.

outlining
led
we are dealing with

is stored

come into operation
suggests, tells
dial / in turn

holds

30   **Memoria semantica o culturale.** È la parte «enciclopedica» del nostro
magazzino di ricordi. Qui ripeschiamo° la data della scoperta dell'America,   dig out
il nome delle regioni italiane, il titolo dell'ultimo film del nostro regista
preferito...

        Memoria implicita o inconscia. C'è, ma non ci rendiamo conto° di   we are not aware
35 averla. È quella che ci permette di assimilare e ripetere azioni meccaniche
come guidare l'auto, nuotare o andare in bicicletta. Rientrano° in questo tipo   are included
di memoria anche i riflessi condizionati, come avvertire l'acquolina in bocca°   to feel one's mouth
poco prima di andare a pranzo.   watering

IN CLASSE

 ## A. PRIME IMPRESSIONI

Mettete alla prova la vostra memoria! Rispondete a queste domande con le vostre parole.

1. Come vengono descritti i ricordi dal punto di vista scientifico?

2. Puoi spiegare cosa succede nel nostro cervello quando cerchiamo di rievocare un ricordo?

3. Cosa ha dimostrato il professor Ferruccio Fazio?

4. Qual è la differenza tra la memoria a breve termine e la memoria a lungo termine?

5. Che cos'è la memoria implicita o inconscia?

 ## B. SOLO PAROLE

Le parole della colonna *A* sono prese dal testo. Associale con le parole della colonna *B*. Lavora con un compagno/una compagna.

A	**B**

Nomi

1. il ricordo	_____ la mente
2. il cervello	_____ la scatola
3. la sede	_____ la memoria
4. il contenitore	__3__ il centro

Aggettivi ed altre espressioni

1. unico	_____ che dura (*lasts*) nel tempo
2. visivo	_____ involontario
3. a lungo termine	__1__ solo
4. inconscio	_____ collegato alla vista

Verbi

1. rievocare	_____ unire
2. collegare	__3__ mettere in archivio
3. archiviare	_____ ricordare
4. conservare	_____ assorbire
5. assimilare	_____ tenere

C. LA SUPERFICIE DEL TESTO

Mettete le seguenti parole tratte dall'articolo nel giusto contesto: **cervello, permette, cellule, autobiografica, impulsi.**

1. La trasmissione dei messaggi tra _____ nervose avviene attraverso i neurotrasmettitori.

2. La memoria ha diverse localizzazioni nel nostro _____.

3. Le esperienze personali sono conservate nella memoria _____.

4. È la memoria inconscia che ci _____ di ripetere azioni meccaniche come guidare l'auto.

5. Ogni volta che ricordiamo entrano in funzione moltissimi _____ elettrici e chimici.

D. TRA LE RIGHE

Scoprite il significato dell'espressione sottolineata e poi scrivete una frase in cui mettete tale espressione nel giusto contesto. La prima frase è presa dall'articolo, la seconda vi aiuterà a capirne meglio il senso. Lavorate in coppia.

1. a. (Un gruppo di ricerca italiano) «ha fotografato le diverse aree *mettendo a punto* una vera e propria mappa della memoria.»
   b. Non *ho* ancora *messo a punto* i dettagli del mio progetto.
   c. _____

2. a. «*Si tratta* di una tecnologia d'avanguardia.»
   b. Devo parlarti subito: *si tratta* di una questione molto importante.
   c. _____

3. a. «Qui *ripeschiamo* la data della scoperta dell'America...»
   b. Non andiamo a *ripescare* vecchie storie: non risolveranno i problemi nel nostro matrimonio.
   c. _____

4. a. «*Rientrano* in questo tipo di memoria anche i riflessi condizionati.»
   b. Questo lavoro non *rientra* nelle mie competenze.
   c. _____

E. DUE MINUTI DI GRAMMATICA

«Passato prossimo» o «imperfetto»? Completate il seguente paragrafo con la forma corretta del verbo in parentesi.

Recentemente Marco _____ (fare) un sogno molto interessante. Nel sogno (lui) _____ (essere) in un parco in cui _____ (andare) sempre a giocare da piccolo, _____ (avere) cinque anni e, con altri bambini, _____ (bere) l'acqua di una fontana. Ad un certo punto la mamma lo _____ (chiamare) e Marco _____ (rispondere): «Non posso venire, sono in un sogno; è sempre lo stesso sogno!» In quel momento (lui) _____ (svegliarsi).

Frugando nella "scatola dei ricordi"...

Dimenticare o ricordare?

A CASA

 ## A. SECONDO ME...

Rispondete alle domande seguenti nel modo più completo possibile. Domani confrontate le risposte con il resto della classe.

1. Pensi che noi abbiamo potere sopra i nostri ricordi? Siamo noi a decidere cosa vogliamo ricordare o questo processo avviene (*takes place*) automaticamente a livello dell'inconscio?

2. Che tecniche usi per ricordare una poesia, una formula matematica, il volto (*face*) di una persona incontrata tanti anni fa?

3. Hai avuto vuoti di memoria (*lapses of memory*) recentemente? Dimentichi le cose con maggiore frequenza? Se sì, quali pensi ne siano le cause? Stress, ansia, depressione, stanchezza...?

 ## B. CON LA PENNA IN MANO

A quale età risale (*goes back*) il tuo primo ricordo? Lo puoi descrivere?

ESEMPIO: Il mio primo ricordo risale all'età di quattro anni. Ero in giardino con mio padre...

IL GIORNO DOPO: SCAMBIO DI IDEE

 ## A. CONFRONTATE

In piccoli gruppi confrontate le risposte che avete preparato a casa.

 ## B. PARLATE VOI!

1. Fate una relazione alla classe su quello che avete scritto a casa. Poi chiedete ai compagni/alle compagne di descrivere i loro ricordi.

SECONDA SEZIONE: NELLA LETTERATURA

L'autore

Tabucchi insegna lingua e letteratura portoghese all'università di Genova e nelle sue narrazioni (romanzi e racconti), ritornano spesso Lisbona e il Portogallo. Il tempo e la memoria, il gioco e il caso°, la ripetizione e il rovescio° sono i temi ricorrenti della sua scrittura, sempre suggestiva°. Tra le sue molte opere ricordiamo *Il gioco del rovescio* (Milano 1981), *Piccoli equivoci senza importanza* (Milano 1985) e *Requiem* (Milano 1992). Il suo successo di critica e di pubblico è stato enorme. *Sostiene Pereira* nel 1994, pochi mesi dopo la sua pubblicazione, è diventato il soggetto° di un film con Marcello Mastroianni nella parte del protagonista.

Il romanzo: *Sostiene Pereira*

Pereira è un vecchio giornalista solo e malato che vive, imprigionato° nei suoi ricordi, nella Lisbona del 1938, durante la dittatura salazarista. Pereira è disgustato dal regime e dai suoi seguaci° ma la sua malinconia, la nostalgia della vita passata e della moglie morta giovane, sono più forti del suo desiderio di agire°.

---

caso ... chance / *rovescio* ... reverse/other side / *suggestiva* ... evocative / *soggetto* ... script / *imprigionato* ... imprisoned / *seguaci* ... followers / *agire* ... to act

I Narratori   Feltrinelli

ANTONIO TABUCCHI
SOSTIENE
PEREIRA

Un itinerario di trasformazione.

L'incontro con due giovani rivoluzionari, Monteiro Rossi e Marta, che dedicano la loro vita alla lotta clandestina per la liberazione del paese, crea in Pereira un bisogno profondo di cambiamento. Incomincia per il vecchio giornalista un itinerario di trasformazione e il dottor Cardoso, medico del corpo e dell'anima, lo aiuterà a ritrovare il senso del tempo, a ridimensionare° il peso del passato e a vivere nel presente.

Nel brano che segue leggerete una delle conversazioni tra il giornalista e il dottor Cardoso. Il dottore fa riferimento a una teoria secondo cui l'uomo ha molte anime (o molti «io») dominate da un io egemone. Questa situazione non è stabile perché l'io dominante può lasciare il posto ad una nuova anima. Pereira si trova ora nel momento del conflitto tra il suo presente e il suo passato.

ridimensionare ... to reevaluate

AL QUESTIONARIO!

Rileggi rapidamente l'introduzione sull'autore e sull'opera, poi, lavorando con un compagno/una compagna, completa il questionario.

1. Quali sono i temi ricorrenti della scrittura di Tabucchi?

2. In che periodo storico si svolge il romanzo *Sostiene Pereira*?

3. Chi è Pereira?

4. Perché Pereira non lotta contro il regime salazarista?

5. Chi sono Monteiro Rossi e Marta?

6. Perché è importante l'incontro di Pereira con i due giovani rivoluzionari?

7. In che cosa il dottor Cardoso aiuta Pereira?

 ## TUTTI NE PARLANO

Freud, le sue teorie psicanalitiche, quelle dei suoi seguaci o avversari, sono da anni molto popolari, negli Stati Uniti come in Italia, e, spesso, sono citati in articoli, film e romanzi. Che cosa sapete di queste teorie? Che cosa ne pensate? Avete letto o visto qualcosa di particolarmente interessante su questo argomento? Lavorando in piccoli gruppi raccogliete le vostre idee e poi confrontate le vostre conoscenze con il resto della classe.

Sostiene Pereira

«... lei ha un forte superego, dottor Pereira, e questo superego sta combattendo° con il suo nuovo io egemone, lei è in conflitto con se stesso in questa battaglia che si sta agitando nella sua anima, lei dovrebbe abbandonare il suo superego, dovrebbe lasciare che se ne andasse al suo destino come un detrito°.
5   E di me cosa resterebbe?, chiese Pereira, io sono quello che sono, con i miei ricordi, con la mia vita trascorsa, le memorie di Coimbra e di mia moglie, una vita passata a fare il cronista in un grande giornale, di me cosa resterebbe? L'elaborazione del lutto°, disse il dottor Cardoso, è un'espressione freudiana, mi scusi, io sono un sincretista e ho pescato° un po' di qua e un po' di là, ma lei
10 ha bisogno di elaborare un lutto, ha bisogno di dire addio alla sua vita passata,

is fighting

debris/rubble

mourning
I fished

ha bisogno di vivere nel presente, un uomo non può vivere come lei, dottor
Pereira, pensando solo al passato. E le mie memorie, chiese Pereira, e quello
che ho vissuto? Sarebbero solo una memoria, rispose il dottor Cardoso, ma non
invadrebbero in maniera così prepotente° il suo presente, lei vive proiettato nel

15   passato, lei è qui come se fosse a Coimbra trent'anni fa e sua moglie fosse ancora viva, se lei continua così diventerà una sorta di feticista dei ricordi, ma-
gari° si metterà° a parlare con la fotografia di sua moglie. Pereira si asciugò° la
bocca col tovagliolo°, abbassò la voce e disse: lo faccio già, dottor Cardoso. Il
dottor Cardoso sorrise. Ho visto il ritratto di sua moglie in camera sua nella

20   clinica, disse, e ho pensato: quest'uomo parla mentalmente con il ritratto di sua
moglie, non ha ancora elaborato il lutto, è proprio così che ho pensato, dottor
Pereira. In verità non è che ci parli mentalmente, aggiunse Pereira, ci parlo a
voce alta,° gli racconto tutte le mie cose, e è come se il ritratto mi rispondesse.
Sono fantasie dettate dal superego, disse il dottor Cardoso, lei dovrebbe parlare

25   con qualcuno di cose come queste. Ma non ho nessuno con cui parlare, con-
fessò Pereira, sono solo, ho un amico che fa il professore all'università di
Coimbra, sono stato a trovarlo° alle terme di Buçaco e sono partito il giorno
dopo perché non lo sopportavo°, i professori universitari sono tutti a favore
della situazione politica e lui non fa eccezione, e poi c'è il mio direttore, ma lui

30   partecipa a tutte le manifestazioni ufficiali con il braccio teso° come un giavel-
lotto°, figuriamoci° se posso parlare con lui, e poi c'è la portiera° della
redazione, la Celeste, è un'informatrice della polizia, e ora mi fa anche da cen-
tralino°, e poi ci sarebbe Monteiro Rossi, ma è latitante°. È Monteiro Rossi che
ha conosciuto?, chiese il dottor Cardoso. È il mio praticante°, rispose Pereira, il

35   ragazzo che mi scrive gli articoli che non posso pubblicare. E lei lo cerchi,
replicò° il dottor Cardoso, come le ho detto prima, lo cerchi, dottor Pereira, lui
è giovane, è il futuro, lei ha bisogno di frequentare un giovane, anche se scrive
articoli che non possono essere pubblicati sul suo giornale, la smetta° di frequentare il passato, cerchi di frequentare il futuro. Che bella espressione, disse

40   Pereira, frequentare il futuro, che bella espressione, non mi sarebbe mai venuta
in mente. Pereira ordinò una limonata senza zucchero e continuò: e poi ci
sarebbe lei, dottor Cardoso, col quale mi piace molto parlare e col quale par-
lerei volentieri in futuro, ma lei ci lascia, lei mi lascia, mi lascia qui nella solitudine, e io non ho nessuno se non il ritratto di mia moglie, come può capire. Il

45   dottor Cardoso bevve il caffè che Manuel gli aveva portato. Io posso parlare
con lei a Saint-Malo se mi verrà a trovare, dottor Pereira, disse il dottor Cardoso, non è detto che questo paese sia fatto per lei, e poi è troppo pieno di ricordi, cerchi di buttare nel rigagnolo° il suo superego e dia spazio al suo nuovo
io egemone, forse ci potremo vedere in altre occasioni, e lei sarà un uomo

50   diverso.

---

overbearing

maybe / you will start / wiped napkin

aloud

to visit him
I could not stand him

outstretched
javelin / imagine / caretaker

operator / at large
apprentice

replied

stop

to throw away in the gutter

Il dottor Cardoso insistette nel pagare il pranzo e Pereira accettò di buon grado°, sostiene°, perché con quelle due banconote che aveva dato a Marta la sera prima il suo portafoglio era rimasto piuttosto sguarnito°. Il dottor Cardoso si alzò e lo salutò. A presto, dottor Pereira, disse, spero di rive-
55 derla in Francia o in un altro paese del vasto mondo, e mi raccomando, dia spazio al suo nuovo io egemone, lo lasci essere, ha bisogno di nascere, ha bisogno di affermarsi.°

 Pereira si alzò e lo salutò. Lo guardò allontanarsi° e sentì una grande nostalgia, come se quel commiato° fosse irrimediabile. Pensò alla settimana
60 passata alla clinica talassoterapica° di Parede, alle sue conversazioni con il dottor Cardoso, alla sua solitudine. E quando il dottor Cardoso uscì dalla porta e scomparve° nella strada lui si sentì solo, veramente solo, e pensò che quando si è veramente soli è il momento di misurarsi con° il proprio io egemone che vuole imporsi° sulle coorti delle anime. Ma anche se pensò così non
65 si sentì rassicurato, sentì invece una grande nostalgia, di cosa non saprebbe dirlo, ma era una grande nostalgia di una vita passata e di una vita futura, sostiene Pereira.

Right margin glosses:
with pleasure / declares
empty

to assert itself
to go away
leave
for sea water therapy
disappeared
come to terms with
to assert itself

IN CLASSE

 ## A. PRIME IMPRESSIONI

Se non ricordi i dettagli, rileggi e poi rispondi con le tue parole.

1. Perché, secondo il dottor Cardoso, Pereira dovrebbe abbandonare il suo superego?

2. Che cosa significa che Pereira ha bisogno di «elaborare il lutto»?

3. In che senso Pereira vive «proiettato nel passato»?

4. Che cosa pensa Pereira dei professori universitari?

5. Perché, secondo il dottor Cardoso, Pereira dovrebbe frequentare Monteiro Rossi?

6. Di che cosa Pereira sente «nostalgia»?

B. SOLO PAROLE

Le parole della colonna *A* sono prese dal testo. Lavorando con un compagno/una compagna cerca di associarle con le parole o definizioni della colonna *B*.

A   **B**

Nomi

1. il cronista   __6__ il dolore
2. la portiera   _____ il giornalista
3. la redazione   _____ il quadro
4. il centralino   _____ il giornale
5. il ritratto   _____ la portinaia
6. il lutto   _____ la centrale telefonica

Aggettivi

1. prepotente   _____ irreparabile
2. latitante   _____ arrogante
3. irrimediabile   __2__ che si nasconde

Verbi

1. agitarsi   _____ rimanere
2. trascorrere   __4__ partecipare a
3. restare   _____ non essere calmo
4. frequentare   _____ lasciare per semprc
5. dire addio   _____ passare

 C. LA SUPERFICIE DEL TESTO

Completa le frasi con le seguenti parole prese dal testo: **freudiana, informatrice, nostalgia, passata, sincretista, superego.**

1. Secondo il dottor Cardoso, Pereira dovrebbe abbandonare il suo _____ .

2. «Elaborazione del lutto» è un'espressione _____ . Significa dire addio

   alla propria vita _____ .

3. Il dottor Cardoso prende le sue teorie un po' di qua e un po' di là. Per questo motivo è un

   _____ .

4. La portiera di Pereira racconta tutto alla polizia: è un' _____ .

5. Pereira non sa se potrà rivedere il dottore e sente una grande _____ .

 # D. Tra le righe

Perché Tabucchi usa certe parole, frasi o espressioni? Che cosa vuole farci capire della situazione o del carattere dei suoi personaggi? Lavorando in coppia scegliete l'interpretazione che più vi convince.

1. «... questo superego sta combattendo con il suo nuovo io egemone.»
   a. Le idee abituali di Pereira sono in conflitto con le sue nuove idee.
   b. Pereira non può cambiare il suo modo di pensare.

2. «E di me cosa resterebbe?»
   a. Pereira ha paura del giudizio degli altri.
   b. Pereira si identifica con il suo passato e ha paura di perdere i suoi ricordi.

3. «Sarebbero solo una memoria.»
   a. Pereira deve dimenticare il passato.
   b. Pereira può ricordare il passato ma vivere nel presente.

4. «... con il braccio teso come un giavellotto.»
   a. Il direttore di Pereira è un sostenitore della dittatura e fa sempre il saluto nazi-fascista.
   b. Il direttore è uno sportivo.

5. «Monteiro Rossi... è latitante.»
   a. Si nasconde perché lavora per liberare il paese dalla dittatura ed è in pericolo.
   b. È in viaggio per lavoro.

6. «... cerchi di frequentare il futuro.»
   a. Pereira dovrebbe, come Monteiro Rossi, lavorare per la liberazione, per il futuro del suo paese.
   b. Pereira dovrebbe frequentare i giovani e divertirsi.

E. Due minuti di grammatica

Completate il paragrafo con la forma corretta del «condizionale presente» o del «congiuntivo imperfetto».

Secondo il dottor Cardoso, Pereira _____ (dovere) pensare di meno al passato e _____ (fare) bene a concentrare le proprie energie sul presente e sul futuro. Per incominciare, _____ (potere) frequentare più spesso persone come Monteiro Rossi che lavorano per liberare il Portogallo dalla dittatura. Poi, se _____ (volere), _____ (avere) la possibilità di partire per la Francia dove _____ (essere) più utile alla causa della democrazia. Se Pereira _____ (decidere) di partire, il dottor Cardoso lo _____ (incontrare) a Saint-Malo.

A CASA

 ## A. Secondo me...

Per prepararti alla discussione di domani rifletti su questi aspetti del romanzo.

1. Lo stile. Il brano che hai letto riporta una conversazione (tra Pereira e Cardoso), ma senza la punteggiatura (*punctuation*) tradizionale. Hai già visto in altri testi (americani o stranieri), questo modo di scrivere un dialogo? Cosa ne pensi?

2. La solitudine di Pereira. Pereira insiste molto sul suo isolamento e la sua solitudine. Cerca nel testo tutte le situazioni negative che Pereira elenca, a partire da (*beginning from*): «Ma non ho nessuno con cui parlare...»

3. Il destino del protagonista. Quali scelte farà Pereira? Resterà in Portogallo prigioniero dei suoi ricordi o farà qualcosa di eroico...? C'è qualcosa in questo brano che anticipa la conclusione? Prova ad immaginare un finale.

4. Agire o non agire. Che cosa spinge una persona a lottare per la libertà del proprio paese? Che cosa impedisce di agire?

B. CON LA PENNA IN MANO

Com'è il tuo rapporto con il passato? Ci sono persone o situazioni per cui provi nostalgia? Quali? Anche tu, come Pereira, vivi di ricordi? O sei interamente nel presente? O ti senti proiettato verso il futuro? Racconta.

> **ESEMPIO:** In questo periodo della mia vita ho troppe cose da fare per pensare al passato e non ho le idee molto chiare sul mio futuro, ma quando ricevo telefonate dai miei vecchi compagni di liceo o dai miei fratelli...

IL GIORNO DOPO: SCAMBIO DI IDEE

 ## A. CONFRONTATE

In gruppi di tre o quattro confrontate le risposte che avete preparato a casa con quelle dei compagni/delle compagne. Poi confrontate con il resto della classe.

 ## B. PARLATE VOI!

Fate una relazione alla classe su quello che avete scritto nel tema. Poi, per stimolare la conversazione, iniziate con alcune domande.

Possibili domande:

1. Secondo voi è importante non dimenticare le persone e le situazioni passate? Perché?
2. Secondo voi nella società contemporanea ci si preoccupa troppo per il futuro? O non abbastanza? In che senso?

TERZA SEZIONE: AL CINEMA

Il regista

Giuseppe Tornatore è uno dei registi più rappresentativi del bisogno di cercare nel passato le ragioni° del presente ma *Nuovo Cinema Paradiso* (1988), il film che

ragioni ... reasons

Il passato in un sogno del protagonista di Stanno tutti bene *di Giuseppe Tornatore.*

lo ha reso famoso, inizialmente in Italia non ha successo di pubblico e ottiene solo un modesto consenso dalla critica. Una versione ridotta° del film viene presentata al festival di Cannes e poi a Hollywood (dove riceve un Oscar), ed è un trionfo.

   Tra i suoi film ricordiamo *Il camorrista* (1986), *Stanno tutti bene* (1990) e *Una pura formalità* (1994). Secondo il critico Gian Piero Brunetta, nel modo di raccontare di Tornatore è evidente la grande lezione del cinema neorealistico del dopoguerra. La memoria, lo stile «tradizionale», le situazioni intensamente emotive°, i personaggi dolci e umani sono tipici della sua produzione.

Il film: *Stanno tutti bene*

«*Stanno tutti bene* è un film che si propone di fare il punto sullo stato dell'Italia e degli italiani, su storia privata e pubblica, su presente, passato e futuro.» (Brunetta, *Cent'anni di cinema italiano*).

versione ridotta abridged version / *emotive* emotional

Il protagonista, Matteo Scuro (Marcello Mastroianni), è un vecchio padre di famiglia, vedovo, che decide di partire dalla Sicilia per fare un viaggio in varie città della penisola. Matteo vuole fare una sorpresa ai suoi cinque figli che vivono da anni a Napoli, Roma, Rimini, Milano e Torino. Nel corso° del viaggio scopriamo che la vita dei figli non è facile e piena di successi come pensa Matteo, ma nessuno di loro vuole deludere° il padre, privarlo° delle sue illusioni. Alla fine della sua esplorazione nella penisola, il protagonista scopre di essere vissuto fuori dalla realtà, la realtà dell'Italia contemporanea e la realtà dei suoi figli. Il film termina° con una nota di speranza: la vita continua anche se il presente e il futuro non sono un idillio. Ma nemmeno il passato era perfetto, come scopriamo attraverso° le memorie dei figli.

AL QUESTIONARIO!

Rileggi rapidamente l'introduzione sul regista e sul film. Poi, lavorando con un compagno/una compagna, rispondi alle domande.

1. Quale film ha reso famoso Tornatore?
2. Quali sono le caratteristiche della produzione di Tornatore?
3. Chi è Matteo Scuro e perché decide di partire dalla Sicilia per fare un lungo viaggio?
4. Che cosa scopre Matteo sulla vita dei figli?
5. Il finale del film è ottimista o pessimista? Spiega.

TUTTI NE PARLANO

Molti film, americani o stranieri, sono basati su ricordi di storie familiari o di esperienze lontane nel passato. Lavorando in piccoli gruppi cercate di ricordare alcuni di questi film. Di che cosa parlavano? Come erano presentate le memorie dei protagonisti? C'era nostalgia, rimpianto, desiderio di tornare indietro o bisogno di dimenticare? Raccogliete le vostre idee e poi riferite alla classe.

IN CLASSE

Guardate tutto il film *Stanno tutti bene*, poi concentratevi su una scena in particolare all'inizio della storia. Nella scena che vedrete Matteo Scuro si trova a Napoli, nello stesso albergo dove, venticinque anni prima, aveva fatto il suo viaggio di nozze. Lo vedrete prima parlare con l'impiegato alla ricezione dell'albergo e poi solo, nella sua stanza.

Se non avete il film a disposizione, saltate *A*, passate direttamente a *B* e rispondete solo alle domande in *C*.

Nel corso ... during / *deludere* ... to disappoint / *privarlo* ... to deprive him / *termina* ... ends / *attraverso* ... through

A. Prima visione

Guardate la scena del film (se ci sono sottotitoli, copriteli). Poi, con l'aiuto di un compagno/una compagna riassumete in due o tre frasi quello che succede nella scena.

 ## B. Il copione

Ecco il copione della scena che avete visto.

> *(Napoli: Matteo Scuro è appena arrivato all'albergo e sta prenotando una camera.)*

MATTEO: *(rivolto all'impiegato)* Senta, scusi, la 12 c'è sempre?

IMPIEGATO: Come?

5 MATTEO: No, dico, c'è sempre la stanza numero 12?

IMPIEGATO: E dove volete che se ne sia andata? Sta° qua... ecco. *(prende le chiavi della camera numero 12)*   Neapolitan for «è»

MATTEO: Non si può mai sapere... Mi chieda perché ho voluto la stanza numero 12.

10 IMPIEGATO: Scusate, ma perché volete che a me interessi?

MATTEO: Chieda, chieda, senza complimenti°!   freely/without ceremony

IMPIEGATO: Va bene: perché volete la stanza numero 12?

MATTEO: Semplice. Quando mi sono sposato, quarantacinque anni fa, ho fatto un viaggio di nozze° fino a Napoli... Abbiamo dormito in questo   honeymoon

15 albergo... nella stanza numero 12.

IMPIEGATO: Ah...

MATTEO: E non vuole sapere quanto abbiamo speso?

IMPIEGATO: Onestamente sono intimità che io...

MATTEO: Me lo domandi, me lo domandi!

20 IMPIEGATO: Va bene, ditemi quanto avete speso.

MATTEO: Settanta lire... in due, che oggigiorno° equivarrebbero a ventimila lire.   nowadays

IMPIEGATO: E invece oggigiorno fanno sessanta.

MATTEO: Sessanta che?

25 IMPIEGATO: Sessantamila.

> *(Matteo si trova adesso solo nella stanza numero 12)*

MATTEO: Eh... È cambiato tutto, ma i mobili sono sempre gli stessi... Ti ricordi la nostra prima notte, che tu volesti dormire vestita... e io per farti dispetto°, venni a letto col cappello...   to spite you

C. ALLA MOVIOLA

Avevate capito la conversazione tra Matteo e l'impiegato prima di leggere il copione del film? Fate una prova: rileggete il riassunto che avete fatto in classe. Rispecchia il dialogo della scena? Se no, provate a rispondere a queste domande:

1. Dove si trova Matteo? Cosa sta facendo?
2. Perché è importante la stanza numero 12 per Matteo?
3. Con chi parla Matteo quando è solo in camera?
4. L'impiegato alla ricezione dimostra interesse per la storia di Matteo?

 # D. TRA LE RIGHE

Rileggi il copione della scena che hai visto e fai particolare attenzione al linguaggio. Rispondi poi a queste domande. Lavora con un compagno/una compagna.

Marcello Mastroianni è Matteo Scuro in Stanno tutti bene *di Giuseppe Tornatore.*

1. In questa breve scena Matteo ci fa sentire tutto il peso (*weight*) e tutta la bellezza del ricordo della sua prima notte con la moglie. Attraverso la ripetizione di alcune parole e l'insistenza su alcune domande, Matteo fa rivivere il ricordo. Trova alcuni esempi di questo nel copione della scena.

2. Matteo vuole condividere le sue memorie con l'impiegato che però non è interessato. A un certo punto l'impiegato dice a Matteo:
«Onestamente sono intimità che io...»
Che cosa vuol dire? Spiega con parole tue.

3. Qual è il dettaglio comico che ricorda Matteo quando rievoca la sua prima notte di nozze (*wedding*)?

 ## E. DUE MINUTI DI GRAMMATICA

Completa il paragrafo che segue con il «passato remoto» o «l'imperfetto» del verbo in parentesi.

Quando Matteo Scuro _____ (partire) dalla Sicilia _____ (essere) pieno di entusiasmo. _____ (volere) fare una sorpresa ai figli e _____ (pensare) che tutto sarebbe stato perfetto. Poi _____ (arrivare) a Napoli e non _____ (trovare) il primo figlio. _____ (continuare) il suo viaggio in giro per l'Italia e _____ (vedere) gli altri figli, ma (loro) non _____ (essere) felici. Allora il vecchio padre _____ (tornare) in Sicilia e i figli _____ (andare) da lui. Insieme, nella casa paterna, tutti _____ (ritrovare) un momento di serenità.

A CASA

 ## SECONDO ME...

In preparazione alla *Tavola rotonda* di domani, ripensa al film e rifletti sulle seguenti domande basandoti sulle tue esperienze personali.

1. I genitori devono o non devono fare pressione sui figli perché abbiano successo?

2. È importante comunicare ai genitori i propri problemi o è meglio mentire per non deluderli?

3. Ci sono situazioni in cui è necessario difendere la propria vita privata? Quali?

4. Pensate che i giovani avrebbero meno problemi se i genitori li accettassero così come sono?

5. Se voi foste al posto del protagonista del film *Stanno tutti bene*, che cosa fareste di diverso?

IL GIORNO DOPO: TIRIAMO LE FILA

 ## A. TAVOLA ROTONDA

Mettetevi in cerchio e discutete sui seguenti punti. Uno di voi, il moderatore, apre il dibattito. Gli altri sono psicologi, insegnanti, studenti, scrittori...

1. Se doveste spiegare a un bambino che cosa è la memoria, che cosa direste? Che approccio scegliereste? Quello scientifico, quello filosofico, quello letterario...? Fate un esempio.

2. La memoria, il passato, la nostalgia: cosa vogliono dire esattamente queste tre parole per te? Si può avere nostalgia del presente e del futuro? Spiegate.

3. Sono importanti le memorie collettive, secondo voi? Qual è la loro funzione nella storia di un popolo?

4. Pensate alle persone che sono afflitte da «Alzheimer», la malattia che causa la perdita (*loss*) completa della memoria. Si dice che questi ammalati vivano nel vuoto (*void*) più completo e che molti di loro alla fine impazziscano. Provate a immaginare una vita senza ricordi, senza memorie. È possibile, secondo voi, vivere solo nel presente e nel futuro?

5. Ci sono altri argomenti legati al tema del capitolo di cui vorreste assolutamente parlare?

 ## B. L'INTERVISTA

Intervista un compagno/una compagna sui seguenti punti e poi riporta i risultati al resto della classe.

1. Hai mai cercato di rimuovere ricordi o esperienze spiacevoli (*unpleasant*)?

2. Ti è successo di ricordare nei sogni episodi che avevi dimenticato?

3. Quale delle tre sezioni di questo capitolo hai preferito? Perché?

4. Quale personaggio ti ha fatto più pensare? Pereira nel romanzo o Matteo Scuro nel film? In che senso?

5. Se tu dovessi trattare il tema della memoria e del passato, useresti un film, un romanzo o un articolo? Spiega.

 # C. CON LA PENNA IN MANO

Nel film, Matteo Scuro si aspetta troppo dai figli: vuole che abbiano soldi, successo, una famiglia felice. I figli si sentono sempre inadeguati e gli nascondono la loro vera situazione. Cosa ricordi delle aspettative dei tuoi genitori? Sei sincero con loro sui tuoi bisogni e sui tuoi problemi?

ESEMPIO: Mio padre non mi ha mai detto esplicitamente cosa si aspettava da me. Mia madre invece...

Credits

Literary

Chapter one, "La storia di Dario Fo" di Chiara Velentini © Giangiacomo Feltrinelli Editore Milano 1997; "Il bar sotto il mare" di Stefano Benni © Giangiacomo Feltrinelli Editore Milano 1987   **Chapter two,** "Incantesimi" di Linda Ferri © Giangiacomo Feltrinelli Editore Milano 1997   **Chapter three,** "L'ultima lacrima" di Stefano Benni © Giangiacomo Feltrinelli Editore Milano 1994   **Chapter four,** ITALIANA "Ragazzi a Natale" di Pier Vittorio Tondelli © Mondadori Editore Milano 1991 Courtesy of Agenzia Letteraria Antonella Antonelli   **Chapter five,** "Non ditelo a mia madre che faccio lo scrittore" di Tiziano Sclavi © Effe La Rivista delle Librerie Feltrinelli 1996 n° 2;   "Storie di primogeniti e figli unici" di Francesco Piccolo © Giangiacomo Feltrinelli Editore Milano 1996   **Chapter six,** Dacia Maraini, LA LUNGA VITA DI MARIANNA UCRÌA © 1990 Rizzoli Editore, Milano   **Chapter seven,** "Sostiene Pereira" di Antonio Tabucchi © Giangiacomo Feltrinelli Editore Milano 1994

Realia

3, *L'Espresso,* 19 febbraio 1998, pag. 59   **12,** Impostazione grafica Unimark International. In copertina: disegno di Giovanni Mulazzani   **31,** *Io Donna, il femminile del Corriere dellas Sera,* 20 dicembre 1997   **37,** Impostazione grafica Unimark International. In copertina: elaborazione grafica di studio Tralerighe s.a.s.   **56,** *L'Espresso,* 25 settembre 1997, pag. 25   **64,** Impostazione grafica Unimark International. In copertina: illustrazione di Giovanni Mulazzani   **83,** *ITALIANI,* febbraio 1998. Attualità, pag. 31   **90,** Art director Federico Luci. Graphic designer Francesco Marangon   **109,** *EFFE,* primavera 1996, pag. 46   **117,** Impostazione grafica Unimark International. In copertina: disegno di Donatella Caprara   **139,** *Panorama,* 1 settembre 1997, pag. 22. Storia della settimana   **146,** In copertina: Francois Boucher *Il messaggero discreto, 1767.* Grafica di Oliviero Bertolaso   **165,** *Anna,* Dossier: La "fabbrica" dei ricordi, pag. 148   **169,** *Anna,* Dossier, pag. 154   **171,** Impostazione grafica Unimark International. In copertina: foto di Manfred Hamm

Photo

1, limewood, 66.5 × 51 cm, Inv. 1585. Erich Lessing/Art Resource   **8,** Courtesy of Chiara Valentinia Siangiacomo Feltrinelli Editore Milano, 1997   **20,** Courtesy of SACHER FILM   **24,** Courtesy of SACHER FILM   **28,** Scala/Art Resource   **44,** The Kobal Collection   **48,** The Kobal Collection   **52,** Coilage on cardboard, 38.5 × 30cm Giraudon/Art Resource ©VAGA, NY. Coll. Mattioli, Milan, Italy.   **72,** Courtesy of BAMBÙ CINEMA E TV   **76,** Courtesy of BAMBÙ CINEMA E TV   **80,** ©VAGA, NY. Galleria Nazionale Alinari/Art Resource d'Arte Moderna, Rome, Italy.   **98,** Courtesy of A.M.A.FILM s.r.l.   **102,** Courtesy of A.M.A.FILM s.r.l.   **106,** Alinari/Art Resource   **129,** The Kobal Collection   **132,** The Kobal Collection   **136,** Scala/Art Resource   **155,** The Kobal Collection   **158,** The Kobal Collection   **162,** Vatican Palace, Vatican State. Alinari/Art Resource   **179,** Courtesy of SCIARLÒ s.r.l.   **182,** Courtesy of SCIARLÒ s.r.l.